近江路を歩いた人々

旅日記にみる

江竜 喜之 著

はじめに

近江国は古くから東海道、東山道（中山道）、北陸道など重要な街道が多く貫通しており、「道の国」とも称せられています。そして江戸時代以前から公家や武士、僧侶などの往き来が盛んでした。特に江戸時代も半ばを過ぎるころからは、伊勢参りなどの庶民の旅が盛んになったこともあり、多くの旅人が日本の中心部に位置する近江を通行し、その旅日記や紀行文の中には当時の近江の様子や昔の旅の実態が生き生きと描かれています。

私は、長らく江戸時代における街道や宿駅の実態を、中央や地元に残る史料を用いて解明することに努めてきました。しかしそれにより明らかになるのは、主として当時の交通、運輸の仕組みや、旅人や荷物の輸送に従事する側から見た実態であり、実際に旅をした人々の様子を含めた当時の陸上交通の全体像を明らかにすることは困難でした。この点、旅人の書き残した紀行文や旅日記は、断片的ではありますが、当時の旅の姿を具体的に明らかにしています。

そこで、近江を旅した人々の旅日記や紀行文に注目し、その読解と内容の掌握に努めました。歴史上の著名人が書いた紀行文は文学作品として出版されているものが多く、容易に活用することができますが、いわゆる名もない庶民も多くの旅日記を書き残しています。これらの中には単なる旅のメモに過ぎないものもありますが、後から旅に出る人の参考になるように克明に記録されているものもあり、庶民の旅の実態を知る格好の資料となります。最近はこれらが自治体史の資料編に取り上げられたり、子孫の方が翻刻して刊行されたりして比較的容易に目にすることができます。

これらの作品を資料にして、庶民をはじめ、いろいろな階層の旅人が近江路をどのように旅したのか、特に近江のいわゆる名所旧跡を如何に眺め、どのような感想を持ったのか、近江の当時の人々の生活に接して何を感じたのか、その一端を明らかにしようとして一連の文章を書きつづりました。

近江といえば、まず琵琶湖、そのまわりには近江八景などの名所があり、三井寺（園城寺）や長命寺など多くの古刹や、賤ヶ岳などの古戦場があります。また街道筋には各所に有名な名物が多く存在しています。歴史豊かな近江は旅する人々にとって興味の尽きないところではなかったかと思います。これら旅人の記録から当時の旅の実態だけではなく、彼らの目を通して当時の近江の景観やそこで生活する人々の様々な様子が垣間見えてきます。これらの点に留意しながら本書をお読みいただければ、思いがけない発見もあるのではないでしょうか。

近江路を歩いた人々　旅日記にみる

目次

1 多士済々が行き交った近江路

絵を描きながら富豪と交流

司馬江漢

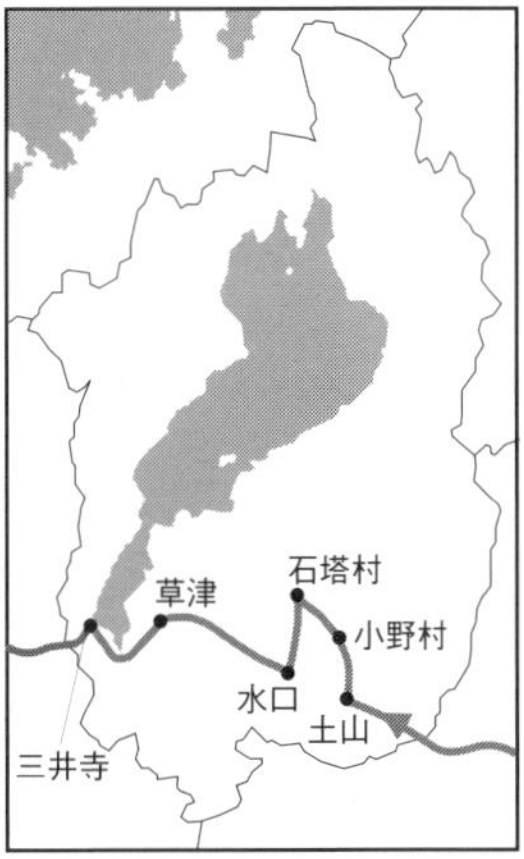

■洋画研究の旅の途中、日野に滞在

江戸時代後期の画家・思想家として有名な司馬江漢が、天明八（一七八八）年の四月、長崎への旅の途中に日野の近江商人中井源左衛門宅を訪れ、歓待を受け、一週間も滞在しています。彼は絵を上手に描くだけではなく、蘭学にも通じている科学者でもあり、話題が豊富で、旅先で多くの人々を喜ばせています。『日本庶民生活史料集成』所収の「江漢西遊日記」によりその旅の様子を見てみましょう。

■珍しかったのぞき眼鏡

司馬江漢は天明八（一七八八）年四月、洋画研究のため江戸を発ち、長崎へ向かう途中、所々で富裕な家に逗留し、持参ののぞき眼鏡など珍品を見せたり、肖像画等を描いたりして旅を続け、八月九日に近江に入ります。

土山から御代参《ごだいさん》街道を通って、その日のうちに日野に至り、同地出身の富豪中井源左衛門宅に入ります。江漢は源左衛門の息子とかねてより懇意であり、旅の途中に日野へ立ち寄ることを約束していました。その息子は不在でしたが、父親の源左衛門と意気投合して、中井家の関係者といろいろな交流をしています。

到着した九日、江漢が所持してきたのぞき眼鏡などを見せると、源左衛門をはじめ家族の者が出てきて珍しがり、楽しい一時を過ごします。ごちそうの夕食の後、寝室には立派な絹織物の布団、もえぎ色（青と黄の中間色）で縁が濃い朱色の上等な蚊帳が用意され、まず一泊します。

翌一〇日は中井家所蔵の絵などをいろいろ見せてもらい、「中には良い絵もある」と評しています。一一日は蒸し暑い日でしたが、二枚の襖に山水画、衝立《ついたて》には花鳥の絵を描いています。庭には打ち水がされ、夜に入ると石灯籠に火をともされ、京から奉公に来ている中年婦人が奏でる琴の音を聞きながら、集まってきた人々の前で、江漢は持参してきた地球の図を見せて、いろいろと講釈をします。

■極楽の解釈を説明

するとある婦人が、「天竺（インド）がお釈迦様の国だとわかりましたが、極楽はどこでしょうか。生きている間に極楽へ行きたいので教えて下さい」と尋ねます。こ

藤居本家に移築されたかつての中井家（愛荘町長野）

れに対して、「我々の生きている世界は丸いもので、その外が天であり、そこに極楽があります。そこは神（たましい）にならないと飛べないので、生きていては極楽へは行けないのです」と説明しています。当時コペルニクスの地動説をも理解していた江漢らしい説明といえましょう。

■源左衛門の肖像画を描く

一二日には中井家の親類の助右衛門に案内されて小野村《この》（日野町）と石塔村《いしどう》（東近江市）を訪れ、夜遅くに中井宅に帰っています。小野村で弁当を食べていると、子供たちが寄ってきたので、煎餅を与えようとしたら、四～五歳の小児は受け取ったが、大きい六～七歳の子は恐れて逃げ去ったと、素朴な子供の様子を描写しています。

次いで、六角形の「人魚塚」を見学し、塚石には「文字ナシ」と記録していますが、現在この塚石は百済からの渡来人・鬼室集斯《きしつしゅうし》の墓として祀られ、その旨の陰刻がなされています。また石塔寺では現在見るのと同じ三重の石塔等を見学し、その様子を写した絵図を描いています。

一三日の日記には「畫（画）を色々認める」とあり、また一四日には「ぢゝ様（源左衛門）

の像が出来上がる」と記述されているので、二日かけて源左衛門の肖像画をはじめいろいろな絵を描いていたものと思われます。一四日の昼食は江戸で「汁粉餅」と呼ばれている「ぜんざい餅」を食し、夕食は鯉の刺身など琵琶湖産の魚料理を食べ翌朝の出発準備をして就寝。一五日は水口、草津を経て石山門前で泊まり、一六日は膳所《ぜぜ》、大津を経て三井寺に参詣しその足で京都へ出ています。

江漢作中井源左衛門の肖像画

江漢の旅はまだまだ続きます。約二ヵ月後、一〇月初旬に目的地長崎に着き、翌月半ばまで滞在して帰途につきます。復路の寛政元（一七八九）年三月には伏見で再び源左衛門に会い、肖像画を描いています。そしてまた近江路を経て、江戸へ帰り着いたのは四月一三日。実に一ヵ年あまりの長旅でありました。

『羇旅漫録』に克明な記録

曲亭馬琴

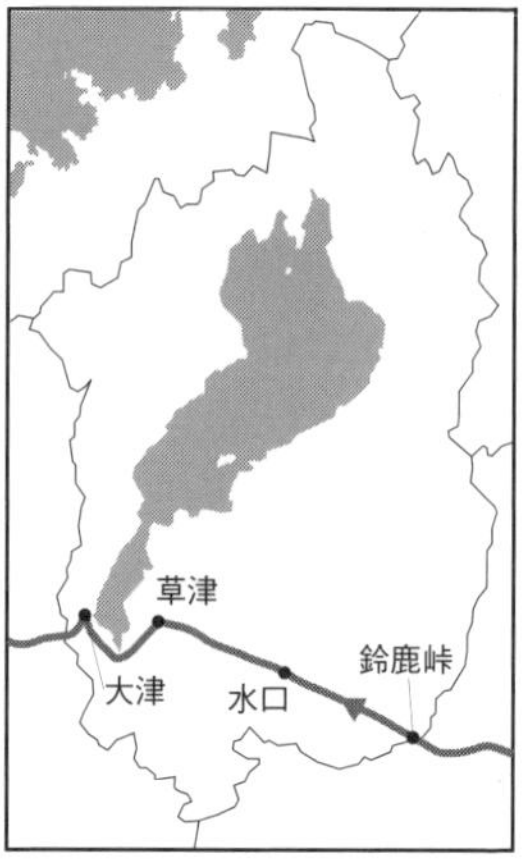

■大洪水の水口から草津を行く

『南総里見八犬伝』や『椿説弓張月《ちんせつゆみはりづき》』の作者として有名な曲亭馬琴は三十六歳の時、京坂地方を旅行し、これが彼の作家として飛躍の契機になったといわれています。享和二（一八〇二）年五月初めに江戸を発ち、名古屋、京都、大坂で長く逗留し、八月二四日に帰着する三ヵ月余にわたる大旅行で、『羇旅漫録《きりょまんろく》』という紀行文を書いています。見聞した風俗、年中行事、名所古跡等の克明な記録や感想が多く、随筆的紀行文です。『日本随筆大成』に収められています。

六月二七日に、大雨の降る中を鈴鹿峠を越え近江に入り、水口に泊まり、大洪水のため七月一日まで逗留、翌二日も石部まで進み一泊。三日は水害惨状の中を草津から大津を経て京都へ出ています。その後、二四日まで京都に滞在し、京都と、一部近江に関する見聞をいろいろと詳細に記録しています。

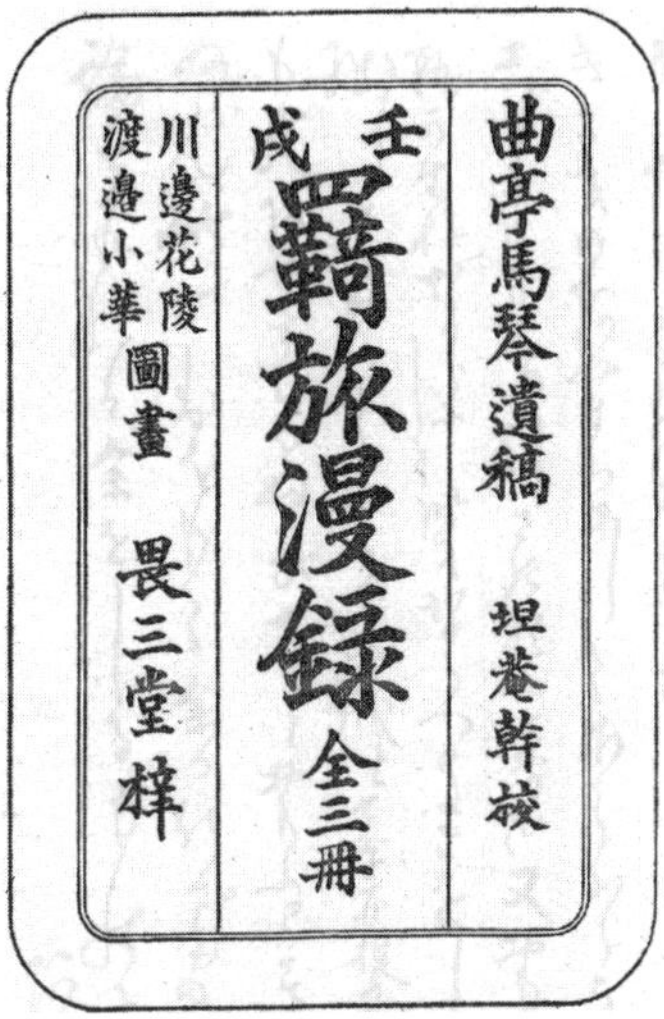

羇旅漫録の表紙

■三上山は「出来の悪い小富士」

水害については後で取り上げるとして、近江の名所名物に関して、馬琴はまず粟津《あわづ》の義仲《ぎちゅう》寺、瀬田しじみ、鏡山、源五郎鮒、三上《みかみ》山、三井の古鐘を取り上げています。そして、例えば「義仲寺の芭蕉の塚は碑の銘がない。義仲《よしなか》の墓ははるか後世のものである」「三井寺の古鐘は、寺の説は信じるに足らない。久しく水中に埋もれていたために、すれ損じたのだろう」などと一言コメントを付け加えたりしています。

京都滞在中の七月二一日には白川越えで近江に入り、白川峠から見る琵琶湖周辺の景色は絶景で筆舌に尽くし難いと絶賛しています。唐崎の松についても「天下の銘木、実に一奇観といふべし」と述べています。一方三上山については「出来の悪い小富士」であると、比良と比較しながら絵入りでコメントしています。

■水害の様子を克明に

ところで、水口から草津にかけての水害は驚くべき惨状で、馬琴も具体的に記述しています。六月初めから干ばつが続いていたのに、二五日になり少し降りだし、二七日は朝より大雨で、この日は水口で泊まりましたが、夜ますます大雨。二九日は横田川（野洲川上流）近くまで行きましたが、渡れないのでわざわざ水口に引き返して逗留。他の旅人は横田川の近くの泉という間《あい》の宿に泊まり、その夜、宿舎が流出したため数人が行方不明。自分は命拾いをしたと述べています。水口の町も床上四〜五尺の水つき、数名が溺死。たまたま馬琴が泊まった宿屋は高みにあり水没しませんでした。

七月二日（本文には三日とあるが二日の誤りと思われる）水口を発って石部《いしべ》に向かいましたが、堤防は崩れ田畑を押し流し、街道の並木は倒れ、道ばたで号泣する人、太鼓をたたいて人を集め、堤防の修理や、水死体の調査をしている人等々。まさに見るも無惨、魂が保《も》たないと述べています。

その日はやむを得ず石部に泊まり、翌日案内人を立てて草津経由で京へ向かいます。その間、堤防決壊、家屋流出、惨憺《さんたん》たる有り様。宿の入口では膳所藩の役人が検問して通行を許さないために、見舞客と偽って、宿裏の田畑の中を長い棹を杖にして股まで水につかりながら進み、宿場の南端、姥《うば》が餅《もち》屋の前辺りでやっと陸地に出ることができました。

野洲川上流、甲賀市水口町付近の横田の渡し跡

この日馬琴の案内を務めた人夫も水に流され知人の家の二階に流れつき、一命をとりとめたということです。流失家屋八十~九十軒、溺死者四十~五十人、遺体が累々としていたと述べています。特に宿駅の裏借家の被害が大きかったようです。そこにいた駕籠舁《かごかき》人足(雲助)が多数犠牲になっています。嘉永四(一八五一)年に、その五十回忌の供養が行われた記録も残っています。(『草津市史』第五巻)

七月三日の夜、やっと水害の近江路を抜け出し、京都木屋町の旅宿にたどり着いています。馬琴はこの洪水の惨状が江戸まで聞こえ、家族が心配しているだろうと、京都から三度も飛脚便を出し、残してきた家族を思う心を募らせています。

農民の目で近江を喝破

山田松斎

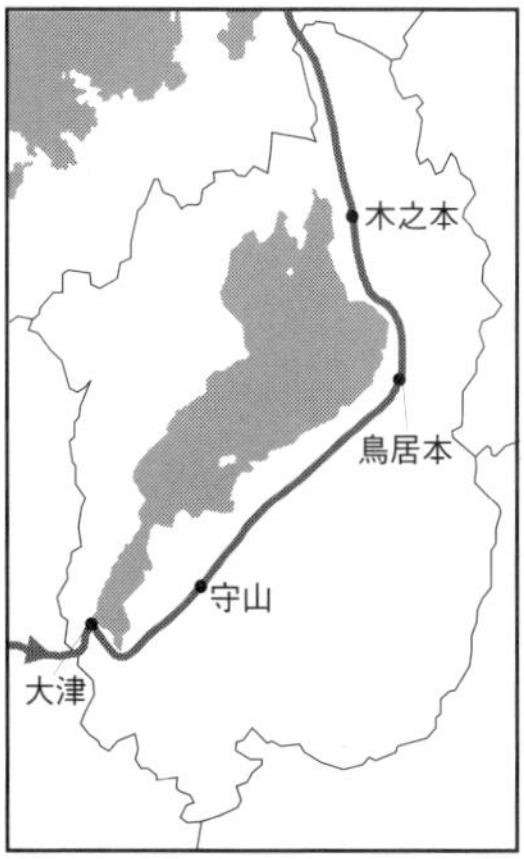

■信州の文化人・松斎

江戸時代も後半期には地主階級が出現し、彼らの中には高度な文化を嗜《たしな》む者が現れました。信州北部東江部村（中野市）の山田松斎もその一人です。

彼は四十七歳で家督を譲り、学問を嗜む生活に入り、頼山陽などの学者とも親交を持つなど、信州における一流の文化人でした。六十歳になった文政一二（一八二九）年、十五歳の孫の雨一郎を伴って伊勢参宮をはじめ西国の旅に出ました。

■大坂で版元に寄る

八月一三日村を出て、信州を南下し、名古屋を経て、この年遷宮祭の行われている伊勢神宮に参拝し、奈良、大坂、京都、北陸を巡り一〇月一三日に帰村する一ヵ月間の旅でありました。この間、名古屋では熱田神宮に参拝し、松坂では本居宣長の長男を訪ね、伊勢では一週間余滞在しています。

奈良では春日大社、興福寺に参詣し、大坂では文人らしく書物の版元へ立ち寄っています。その後、京都に入り、頼山陽や墨筆の老舗鳩居堂《きゅうきょどう》を訪れています。そして、近江路を経て、北陸路に入り、永平寺や吉崎御坊《ごぼう》等に立ち寄り信州へと向かっています。

この間の行程は『参宮紀行』（山田正子編著『信州文人の旅』所収）という詳しい旅日記に記されています。その旅は単なる物見遊山の旅ではありません。各地の文人歴訪の旅であると共に、沿道の風景や人々の生活に興味を抱き、時には土地の人に取材するなど、その様子を詳しく観察し書き留めています。

■守山から八幡道を通り彦根にぬける

九月二四日京都から近江に入り、大津で一泊。翌日は三井寺、石山寺等に参拝し、瀬田のしじみ汁に舌鼓をうち、大津絵を買い求めるなど、大津の名所名物に興味を示しています。そして、草津へ急ぎ、名物姥が餅屋へ立ち寄り、早めに草津で宿に入ります。

二五日未明に草津を発ち、中山道の守山宿を過ぎたあと、そのまま中山道を通らずに、「八幡道」（朝鮮人街道）に入り、八幡の町を訪れ、家数が三千戸あり、常設の芝居もあるなどと町やその港の繁栄ぶりをよく観察しています。当日は能登川《のとがわ》の商人宿で泊まっています。翌二六日は彦根を経て、佐和山を越え、中山道の鳥居本宿《とりいもと》へ出て、ここからは中山道の摺針峠《すりはり》へは向かわずに、北国街道に入り米原に至り一泊しています。この守山から鳥居本・米原に至る記述には港や船に関するものが多く見られます。

二七日未明に米原を発ち長浜へ向かいます。「長浜は良い港町で、先頃、祭礼の曳山に三千両かけたと聞く」とか「着物に五百両もかけた町がある」等とその繁栄ぶりを記述しています。三千両かけて作られた祭礼の曳山とは文政二（一八一九）年建造の祝町《いわい》（元浜町）の鳳凰山《ほうおうざん》のことであると思われます。

長浜から曽根に向かう途中では「田の稲がよく出来ている」とあり、一方、姉川を渡った辺りでは、七・八月の浸水で稲が腐り穂があまり出ていない状況を目にして、前年の自分の国元での水害を思い出し心を痛めている記述があります。山田松斎の道中での最大の関心事は沿道の田畑の状況であり、関連の記述が多く見かけられます。

前日の二六日の記述では、鳥居本から米原へ向かう途中においても「沿道に田が多く見える。今年は七・八月の荒天と浸水のため、よい所でも一反に五俵はなく、二、三俵、それ以下の所もあると聞く」と稲のできばえについて詳しく記しています。筆者は文人とはいえ、やはり農民であったことがうなずかれます。

■最新の農具に関心

この日の宿泊地、柳ヶ瀬《やなせ》に向かう途中、木之本で「千歯扱《せんばこき》」に目を留めています。「千歯扱」は当時最新の脱穀農具で、各地に広まっていきましたが、山田松斎のふるさと北信濃ではまだ使われていなかったのでしょう。強い関心を示し、図解し、歯の数や寸法を書き写しています。

路傍で見つけ、わざわざ立ち止まって詳しく記録したのでしょう。彼の篤農家としての面目躍如たるものを感じます。

生活文化についても関心が深く、柳ヶ瀬付近は雪が多く降り、一丈にも達すること、この辺りの山には獣害を防ぐ猪垣《ししがき》があること、余呉《よご》湖では鮒がとれ、鮒寿司にすれば数年ももち、腹の薬にもなる等と種々の興味深い見聞を記述しています。

千歯扱（浅井歴史民俗資料館）

平戸から江戸へ参勤交代途上

松浦静山

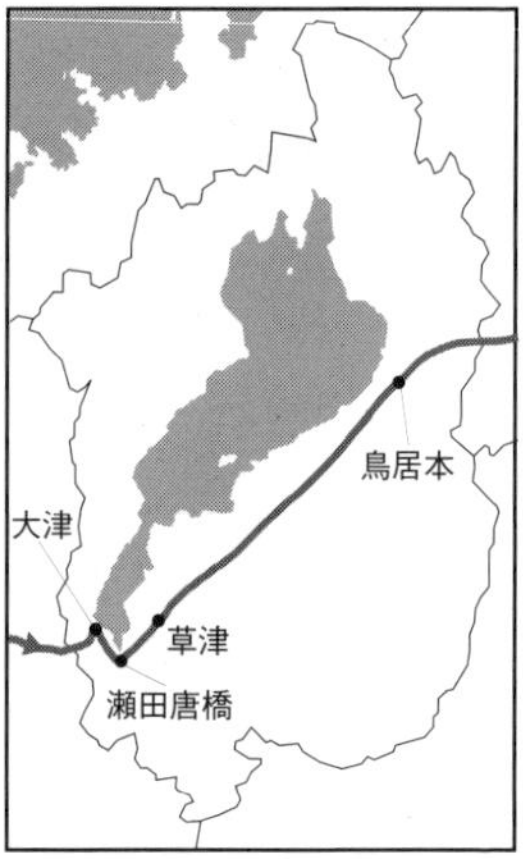

■好奇心のかたまりだった藩主

肥前国（佐賀県）平戸藩の第九代の藩主松浦《まつら》静山《せいざん》はきわめてユニークな大名です。民の心をつかんだ財政改革や、教育に力を入れた名君としても名をあげていますが、一面、好奇心が旺盛で知識欲の固まりのような人物であります。引退後に書き続けた『甲子夜話《かっしやわ》』にその性格や教養の豊かさがよく表れています。文政四（一八二一）年一一月の甲子《きのえね》の日（一七日）から起筆したので甲子夜話と称し、政治向きの話から世相風俗、天変地異に至るまで多種多様な内容からなる二百七十八巻に及ぶ膨大な記録、随筆集です。その中に彼が参勤交代で江戸へ向かった時の紀行文『寛政紀行』が収められています。その近江通過の部分を見てみましょう。

■走井《はしりい》の名に関心

逢坂《おうさか》山を越えて寛政一二（一八〇〇）年一一月一二日、近江へ入ると、茶店があり、当時その庭先に水が走るように涌きだしている井戸がありました。走井と称して旅人に有名な井戸です。静山はその名称に興味があったようですが、誰も問う者もなく、皆は茶店の食べ物や、女中の器量が良いことばかりを話題にしていると、不満げでした。

走井（東海道名所図会より）

翌一三日、早暁に大津の宿を発ち、夜明けごろに瀬田唐橋を渡り、午前八時ごろ、草津に入り、姥が餅屋で一休み。この店の風流な主人に、店の由来を書いた『養老亭記』という文章が存在すると聞き、早速にその五百五十字もある全文を写し取っています。いかにも知識欲旺盛な静山らしい行為であります。

■神教丸の店にも

草津を出て守山も近くなり、ムカデ山（三上山）が見えてきました。むかし俵藤太秀郷《たわらとうだひでさと》がこの山を七巻き半している大きなムカデを退治したという故事に関連して、今でも大きさ二尺に余るムカデがいる等という話を聞き、彼は「ひがこと（間違ったこと）」であると退けています。野洲川の広い河原では白い布の晒しを目にし、雪景色のようだと表現しています。篠原で古跡はないかと問い、源義仲が平実盛の首を洗ったという池のことを聞き、足を止めています。

その日は武佐《むさ》の宿で一泊し、翌一四日、四十九院《しじゅうくいん》を過ぎる時、その名称にこだわり、なぜ四十九院というのかと質問しています。名所旧跡とそのいわれを追求する意欲、きわめて旺盛といえます。

ついで高宮、鳥居本を過ぎ、摺針峠で一休み、坂を下った番場《ばんば》宿では、北条仲時一行が自害した「番場の辻堂」の名を想起しています。この日は番場泊まり。

ところで鳥居本宿では今も残る立派な建物の神教丸の店に立ち寄って、いろいろ尋ねています。病身な静山は、薬については殊のほか関心があったようです。

この神教丸は直接買い求めに来る者のみに販売し、売り上げは年平均して金七百～八百両、年によっては千両を得ることもあるとのこと。また同宿内には類似の薬を売る者が多くあったらしく、神告丸、神力丸、仙教丸、更には金竜丸、小町丸などもあったとその名を挙げています。よく売れる商品には類似品が現れるのは、今も昔も同じです。

一五日夜半より雪が降りましたが、早暁に宿を出て、醒井《さめがい》では夜が明けず有名な清水の清らかさがよく見えない有り様。柏原へ着いたころには山々は真っ白。柏原は艾《もぐさ》が名物。しばらく艾屋に立ち寄り、袋に「七年の艾」と記された艾を一袋買い求めています。

間もなく、近江と美濃の国境、寝物語の里に至ります。ここでは「寝物語不破関車返《くるまがえし》之由来」というその由緒書を買い求め、乗り物（駕籠《かご》）の中で目を通すとともに旅日記の中に全文書き写しています。旅の途中、目にする故事、逸話等あらゆることに強い関心を示す、静山の人間性がよくあらわれています。

豪雪厳寒の北国街道を踏破

笠原白翁

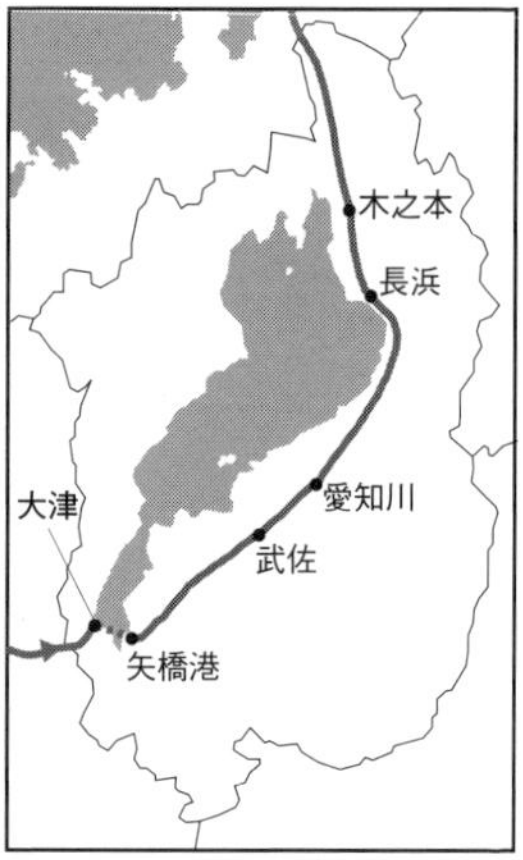

■天然痘の痘苗を得る旅

近江の柳ヶ瀬から中河内、栃ノ木峠を経て越前の今庄に至る道筋は豪雪地帯で、冬季の通行はきわめて困難、遭難事故もあり、多くの旅人を悩ませました。

本項では、福井の医師笠原白翁（良策《りょうさく》）が、京都へ出かけ、天然痘のワクチンを得るために、豪雪の江越国境を決死の覚悟で越え、厳寒の近江路をいかに踏破したかを、彼の日記『戦兢《せんきょう》録《ろく》』に基づき紹介します。

■子供を連れて出発

嘉永二（一八四九）年、福井の医師笠原白翁は牛からとった痘苗《とうびょう》（ワクチンのもと）が天然痘の予防に効果があることを知り、それを一刻も早く福井に導入することを決意。藩の許しを受け、早速一〇月（旧暦）初めに京へ出かけ、痘苗を手に入れました。

当時、痘苗は人から人へと植え継ぐ以外に、よい保存方法がありませんでした。笠原白翁は京都で痘苗を接種した二人の子供を連れて、京から豪雪の栃ノ木峠を越え、福井に至っています。

白翁は京都で種痘を施した子供を連れて一一月（旧暦）一九日午後、京を出発、大津金倉町の木屋熊次郎邸で一泊し、翌二〇日は矢橋《やばせ》の渡しを利用するため大津の小船入《こふないり》（大津市中央四丁目）から三十石船に乗り、西風に追われて船足速く、矢橋港に到着。寒風吹きすさぶ中を矢橋街道、東海道を経由して中山道に入り、武佐宿の米屋源兵衛宅で二泊目の宿をとっています。

夕方から雪交じりの雨が降り、前の山も白く見えています。

■死力をつくして栃ノ木峠を越える

翌二一日、愛知川を越える辺りで雪道となります。米原から北国街道に入ると雪が一段と激しくなりました。「伊雁村《いかり》」（米原市碇《いかり》）まで来ると西風が激しく、吹雪で息が詰まりそうになり、凍えて倒れる者がでると、薬を飲ませて立ち上がらせるような有り様で、長浜の宿である塩屋又左衛門宅に転がり込むように飛び込みました。この晩は一晩中、風が強く戸や障子を揺らし続けました。

二二日にはやや天気が持ち直しました。長浜と「早見《はやみ》」（湖北町速水）の間の「天川」に至り、ここで京から連れてきた子供から、福井から来た子供に疱苗を植え継ぎ、その子を連れて福井へ向かいます。京の子は、ここで帰らせています。ところで、旅日記にある「天川」とはどこでしょうか。「アマガワ」と読めば「アネガワ」に似ています。姉川のことではないでしょうか。速水以北は雪がますます深くなり、この日は木之本宿の堺屋で泊まっています。

翌二三日は木之本から、柳ヶ瀬、椿坂《つばきさか》峠、中河内を経て、栃ノ木峠を越えて、越前の板取宿に至る行程であります。日記によりますと、この峠道は前日雪のために通行不能でしたが、当日朝、わずかに道が開いたというので、今日通過しなければ、いつ通れるかわからない、何としても今日中に通過しなければならないと決死の覚悟で、二食分の食糧を持ち、早朝四時ごろに宿を発ちました。雪が多く馬では進めず、徒歩で柳ヶ瀬に向かいましたが雪が四尺（百二十センチ）ほどになり、互いに大きな声で励ましながら死力をふるって歩みを進めました。午後二時ごろになりやっと中河内宿にたどり着き、夕方、栃ノ木峠の頂に到着しました。

■雪崩の危険のりこえ

椿坂峠や栃ノ木峠は現在の自動車道路で

深い雪におおわれた冬の栃ノ木峠

も、相当に急な上り坂ですが、当時は谷筋を真っ直ぐに登ったために、今日とは比較にならないほど急坂であったと思われます。しかも深い雪、その艱難辛苦のほどがしのばれます。

この行程で、さらに恐ろしいのは、いつ発生するかわからない雪崩の危険であります。日記には「雪の深さは六〜七尺（約百八十〜二百十センチ）もあり、両側の断崖からは雪の塊が落ちてきて、所々に山を作っていた。もし一陣の疾風が吹けば、みんなが雪の下に埋もれてしまう状況にあった」と記されています。

当日、夜に入り、暗くなったので、越前板取宿《いたどり》（福井県南条郡南越前町）から迎えにきた人に足下を照らしてもらい、何とか板取宿にたどり着くことができ、その夜みんなで祝杯をあげました。

幕末京への行程を仔細に記録

松平慶永

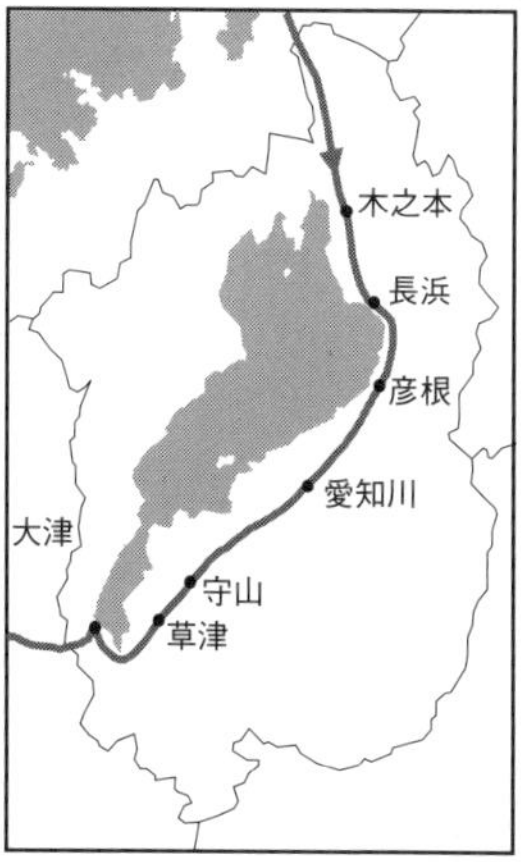

■四侯会議に向かう道中記

幕末期の福井藩主松平慶永《よしなが》（春嶽《しゅんがく》）は明敏で、橋本左内など優れた人材を登用し、幕末の複雑な政治に深く関わり、たびたび上京して各種の政治折衝に従事し、政局の推移に大きな影響を及ぼしました。

慶応三（一八六七）年五月、国是の決定権を幕府から薩摩藩を中心とする雄藩の会議に移そうとする画策がなされました。その調整のために、京都において、開明的な島津久光、山内豊信、伊達宗城《むねなり》と松平慶永による四侯会議*が開かれることになり、慶永は四月一二日朝に福井を出発し、近江経由で一六日夕方京都に到着しています。その時の近江通過の様子を、彼の日記である『登京《ときょう》日記』により見てみましょう。

■出発到着時刻を詳しく

まず一二日は今庄（福井県）で泊まり、翌一三日近江に入ります。栃ノ木峠（余呉町）の茶屋で九時三十三分から十時五分まで小休《こやすみ》し、中河内で十時五十八分から十二時一分まで昼食休憩をとっています。

この日記で驚くべきことは、現在の列車のダイヤの如くすべての休泊地について、その到着時間、出発時間が分刻みで克明に記録されていることです。舶来の時計を携帯していたのではないでしょうか。

この日は以後、椿坂（椿井峠《つばい》＝余呉町）で三十五分、柳ヶ瀬で三十六分、中之郷で二十三分間それぞれ小休し、午後六時三十二分に木之本宿に到着しています。この間、椿坂までは駕籠、柳ヶ瀬まで歩行、それより木之本まで馬上と、乗り物等についても出発到着時刻とともに詳しく記載されています。いずれにしろ慶永の几帳面な性格がうかがわれます。

■朝の出立は六時前

翌一四日は朝五時三十四分に木之本を出発、速水（湖北町）、酢《す》村（虎姫町）で小休、長浜で昼食、午後は碇（米原市）、米原、摺針峠（彦根市）で小休、六時三十二分に高宮宿に到着し宿泊しています。以後守山でもう一泊し、翌一六日の夕方京都の岡崎に到着しています。

松平慶永（春嶽）
（福井市立郷土歴史博物館所蔵）

慶永一行の行程を見てみますと、朝の出発は当時の旅人の通例どおり早く、木之本五時三十四分、高宮五時四十八分、守山五時四十四分といずれも六時前に宿を発っています。小休は午前午後ともに、二～三回で約三十分程度ですが、摺針峠では一時間とってきれいな景色を楽しんでいます。昼食は約一時間余を使っています。慶永の交通手段は駕籠と馬を交互に利用していますが、摺針峠からの下り坂などでは歩いています。

■行程中にも情報収集

注目すべきは、その任務がら、行程中に絶えず飛脚を立て、刻々と情報の収集に努めていることです。例えば、守山宿では、四侯会議の仲間である島津久光や伊達宗城の動静やイギリス公使一行の行程の把握に努めています。また休泊が他の大名や外国使節とかち合わないように細心の注意もしています。

一六日には大津付近でイギリス公使一行と遭遇する可能性がありましたが、その回避に成功しています。また前々日の一四日の午後には小休地を急きょ、長沢（米原市）から磋に変更していますが、これは彦根侯（井伊直憲《なおのり》）とかち合うのを避けるためでした。幕府崩壊直前の複雑な政治情勢のもとにおける緊迫感が伝わってきます。

一四日の夜には高宮宿本陣に宿泊中の慶永のもとに彦根藩から使者が来ています。その時醒井餅が贈られています。醒井餅は中山道醒井宿の名物でしたが広く彦根城下でも作られ、彦根藩では幕府への献上品にしていた銘菓です。

緊張した旅の中にも心の和む一時もあったようです。一五日には高宮宿を出立後、まず四十九院唯念寺《ゆいねんじ》（豊郷町）に立ち寄り、愛知川、清水鼻（東近江市五個荘）で小休の後、道中にある老蘇《おいそ》神社（安土町）に参詣して、懐妊中の側室玉の安産を祈願しています。また武佐宿（近江八幡市）で昼食休憩後、鏡村（竜王町）で小休をとり源義経元服の伝承のある家や近くの井戸を見学し、説明を受けています。

京都へ着いた慶永は五月初旬より「四侯会議」に参加しましたが、なかなか四人の歩調がそろわず、結局行きづまってしまい、五月下旬には成果を挙げずに解散してしまいます。その後、慶永の意図に反して、武力倒幕の声が大きくなっていきます。

＊**四侯会議**　徳川慶喜が将軍になってから幕府の独裁体制が強められてきたのを改めさせ、政権を幕府から雄藩連合に移すことを企図するとともに、武力による倒幕を回避しようとして、慶応三（一八六七）年五月薩摩藩の計画に基づいて、当時開明的な藩主であった薩摩藩の島津久光、土佐藩の山内豊信、宇和島藩の伊達宗城、それに越前藩の松平慶永（春嶽）が京都に集まって対応を協議した会議。内部の意見対立もあり、成果を挙げずに解散した。

測量のため三度近江を踏破

伊能忠敬

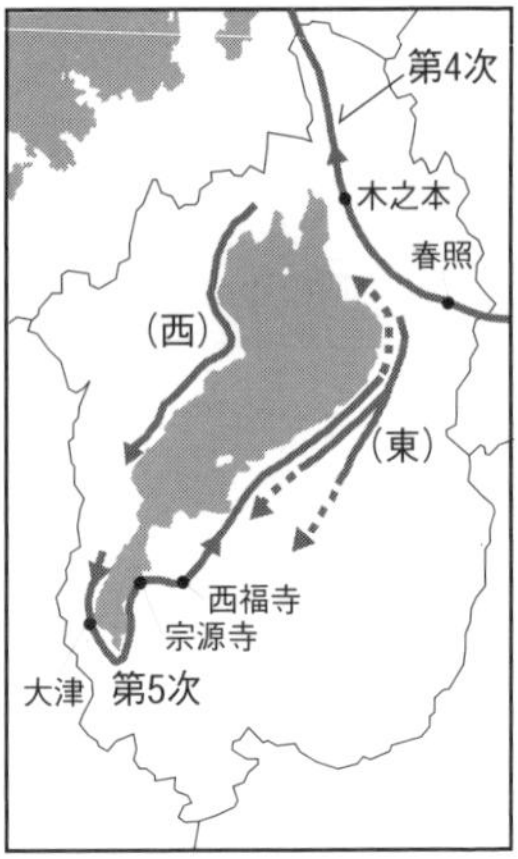

■家業を引退してからの偉業

伊能忠敬といえば科学的な実測による日本地図を最初に作製した天文地理学者として有名です。しかしその人生で注目すべきは、五十歳で家業を引退してからこの大偉業を成し遂げたことです。それまでは大きな酒造業を営んでおり、引退時には多額の資産があって、楽隠居できる身分でした。

しかし、好奇心旺盛な彼は、それから幕府の天文方高橋至時《よしとき》について、天文暦学を学び、五十五歳の時、高橋の勧めで緯度一度の正確な長さを確定すべく、私費を投じて（一部、幕府の補助）、東北・北海道を測量。この時、作製された東日本の地図が幕府からも高く評価され、以後は本格的に幕府の事業として日本全土の測量に従事し、後世に大きな貢献をしました。

本業を引退後、好きなことに打ち込み、それが社会的に高く評価された彼の人生は誠に有意義な生き方といえましょう。現代社会において、中高年が第二の人生を考える場合にも大いに参考にすべきと思われます。

■日本各地を十回にわたって調査

ところで、伊能忠敬の地図作製のための測量の旅は十七年間十回にわたって行われていますが、彼はこの間、日記を付けており、現在『伊能忠敬測量日記』としてその内容を見ることができます。

それによると、近江の測量は第四次、五次に行われています。第四次は享和三（一八〇三）年二月二五日江戸を発ち、東海・北陸を巡る二百十九日の測量の旅で、このうち五月二二日に、美濃から近江に入り、春照《すいじょう》（米原市）、伊部《いべ》（湖北町）、木之本、柳ヶ瀬（余呉町）にそれぞれ止宿し、沿道を測量して越前に入っています。これらの宿駅はすべて彦根藩領であり、それぞれ、彦根藩の役人が出迎えています。長い旅だけに、一行の中に病人が出ることもあり、伊部宿では麻疹（はしか）などの病人がでたことが記録されています。一方、伊部宿の本陣史料には一行をもてなした献立記録が残っていますが、鯐《はす》の塩焼きや鰻《うなぎ》、奈良漬けなどが出されており、なかなかのごちそうです。

■寺や百姓家に宿泊

第五次の測量旅行は文化二（一八〇五）年二月二五日に江戸を発ち、紀伊半島、中国地方を一周して翌年の一一月一五日に帰着する実に六百五十一日にわたる長旅で、この間文化二年閏《うるう》八月から三十七日間かけて琵琶湖を一周し、複雑な湖岸を丁寧に測量しています。湖岸には葦原が多く、かき分けての測量で相当に難航したようです。また街道沿いではないので、宿がなく寺院や百姓家が宿泊所として多く使われています。例えば大津では本陣に泊まっていますが、それから八幡までの間、瀬田橋本村（大津市）の雲住寺《うんじゅう》、志那村《しな》（草津市）の宗源寺《そうげん》、木ノ浜村（守山市）の光照寺《こうしょう》、吉川村（野洲市）の百姓藤四郎・清三郎宅、野村（近江八幡市）

の西福《さいふく》寺にそれぞれ宿泊しています。

毎日、朝六つ（六時）ごろ宿を出て、測量を行い、八つ（午後二時）ころには次の宿に入り、測量結果の整理をし、夜晴れていれば天文観測を行い測量結果の補正を行うという毎日の繰り

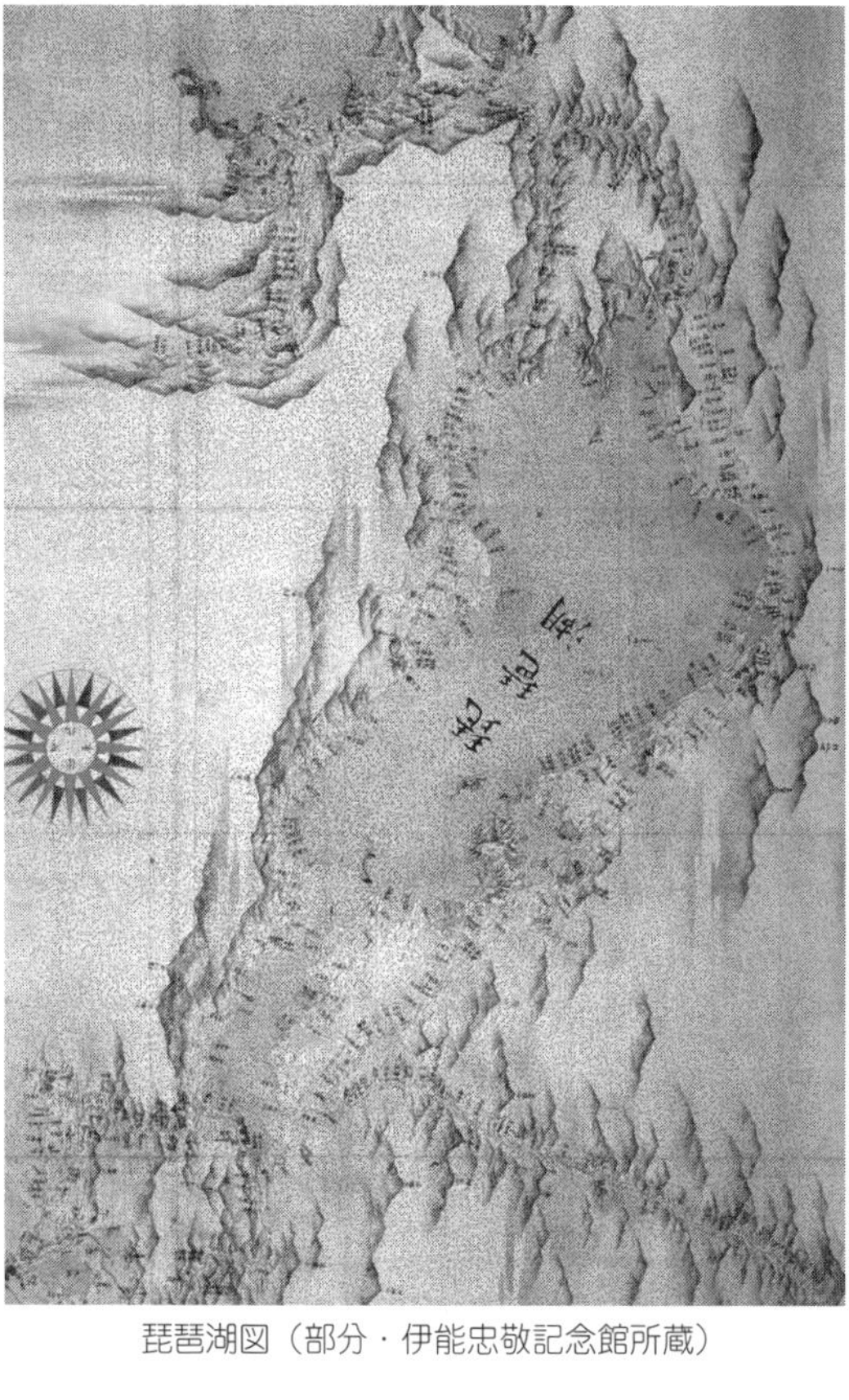

琵琶湖図（部分・伊能忠敬記念館所蔵）

返しです。ただ閏八月一五日に当時「石の長者」として有名な北山田村（草津市）の鉱物学者木内石亭《きのうちせきてい》を測量後に訪問していますが、例外的な行動です。

第五次の調査から伊能忠敬は幕臣に取り立てられ、幕府の直営事業として実施されたため、一行は旗本の巡検使に準じた扱いとなりました。宿舎の手配や人夫集め、道案内などは今まで以上に地元の領主が面倒を見る体制が確立、各領主は一行が領内に入ると、家臣を表敬訪問させ、町村役人も挨拶等に宿舎を訪れています。彦根では藩主の挨拶が伝えられるなど一行は丁重な待遇を受け、金五百疋《ぴき》が贈られています。

また陣容も拡充され、従来の内弟子、下僕合わせて数名の規模から幕府天文方の下役とその従者が配置され十数名の規模となり、二手に分かれ測量を実施することもできるようになりました。

伊能一行の三度目の近江調査は第五次調査の山陰からの帰途、敦賀から二手に分かれて近江に入り、文化三（一八〇六）年一〇月に、琵琶湖の東西を並行して調査しています。西は西近江路を、東は北国街道、朝鮮人街道、中山道等の各沿線の調査が実施されています。北国街道沿いの長浜の本陣の記録には、この時の一行の道案内に関する記録が残っています。全国には伊能調査隊一行の受け入れ記録がたくさん残っていますが、この史料もその一つです。

深山幽谷の朽木谷と湖北見聞

貝原益軒

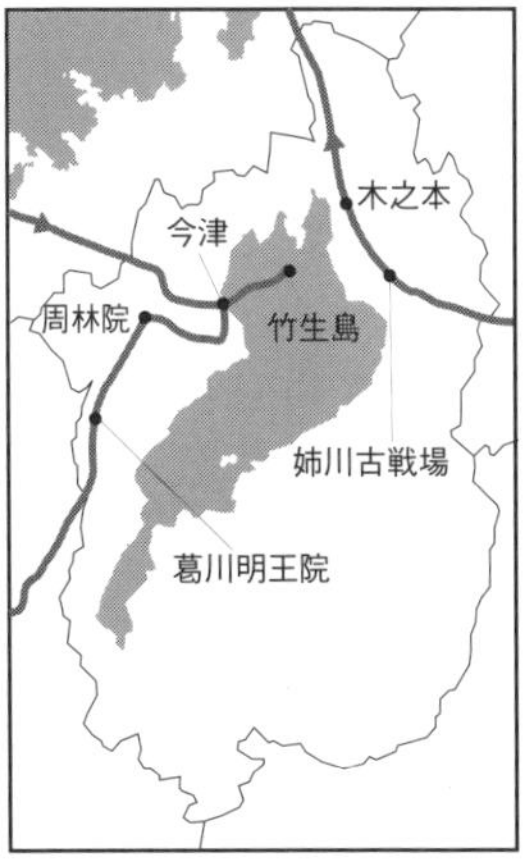

■すぐれた紀行文をのこす

貝原《かいばら》益軒《えきけん》といえば『女大学』『養生訓』などの教訓書を多く書いた朱子学者のように受け止められがちですが、多種多様の学問分野に関心を示した日本最初の博物学者ともいわれ、儒学、自然科学、教育学、地理学など広い分野ですばらしい業績を残しています。読書と旅行を最高の楽しみとしており、すぐれた紀行文をたくさん書いています。その一つに『諸州めぐり』があり、そのなかに西近江を旅した珍しい記録が収められています。

■竹生島の神に異論

元禄二（一六八九）年の閏正月二五日、貝原益軒は京の旅館を発って丹波・丹後・若狭を経て近江へ入り、二月の初旬に京へ帰っています。二月一日には小浜から若狭街道経由で近江に入り、今津で一泊して、二月二日に竹生島《ちくぶ》に渡っています。

竹生島では「俗塵を離れ、仙境に入った心地がして、その有り様は筆にも詞にも及びがたい」と感動しています。しかし、一方では島の地形や建物等を客観的、的確に描写すると共に、竹生島の神は本来、市杵島姫《いちきしまひめ》または宇賀御魂命《うがみたまみこと》であるのに、仏教の影響もあり、水辺の神で福徳をつかさどる女神の弁才（財）天が竹生島の神とされている、これは誤りであると学者らしい私見を述べています。

はじめ、竹生島から湖東経由で京へ行く予定でしたが、逆風のため舟が出ず、結局今津へ戻って朽木谷を経て京へ向かいます。この日は朽木谷の入り口、荒川村（旧朽木村）で宿を求めますが、「如何なる者かわからず、宿は貸せないと断られたのを、何とかと頼み込んでやっと泊めてもらった。街道沿いにない辺土ではよくあることだ」と述べています。

■寛文二年の地震を記載

朽木では、周林院、現在の興聖寺《こうしょう》の歴史について触れ、足利将軍義晴が京都から当地の朽木稙綱《たねつな》を頼って逃れ、滞在していた時に作られたという庭園について「何となく古びて、はなやかさがない」と当時の状況を記録しています。現在は「旧秀隣寺庭園」として国の名勝に指定されています。

朽木の谷は深山幽谷で北の入口荒川から南端の龍華《りゅうげ》橡生《とちゅう》（大津市伊香立《いかだち》途中町）まで約七里もあり、益軒は「こんなに長い谷筋は信濃の木曽谷の他にはいまだ見た事がない」と述べています。この谷筋に温井《ぬくい》（大津市葛《かつら》

旧秀隣寺庭園

川貫井町《がわぬくい》）、柚《ゆ》の木（葛川梅ノ木町）、町居《まちい》（葛川町居町）、坊村《ぼうむら》（葛川坊村町）等の村々が存在しました。

このうち、町居、柚の木は寛文二（一六六二）年五月一日の大地震で、山崩れによる埋没と、土砂が安曇《あど》川をせき止めておこった洪水により壊滅的な被害をうけた村です。益軒は、京にいる時、この土地出身の男から聞いた次のような生々しい話を紹介しています。「大地震の日、朝から山に登って薪をとっていたところ、地震に驚き村へ帰ってみると、山崩れで村全体が土砂に埋め尽くされ、自分の父母兄弟親類、その他村人全部が土砂に埋もれて死んでしまい、自分一人生き残ったと泣く泣く語った」。この地震は花折断層北部で起こった震度六の地震で、近江・若狭・京都に大きな被害をもたらし、山崩れだけで死者五百六十人にのぼったといわれています。

■明王院の歴史を紹介

坊村には葛川明王院《みょうおういん》*があります。益軒は「山中には珍しい大きな寺である」としてその歴史や仏像を紹介すると共に、足利義満・義政・義尚、日野富子などの参籠《さんろう》札が「今も本堂に掲げられている」と当時の状況を記録しています。

益軒の日記の記述は、見聞した状況を客観的に描写しているところが多く、歴史資料としての価値が高いといわれています。各地の産業や名産品についての記述もその例です。朽木の谷では、木材、薪を京へ出したのはもちろんのこと、轆轤《ろくろ》細工で盆椀を作り漆を塗り製品を京都へ出し諸国に売っていたこと、また油をとったりする榧《かや》の実、樹皮を薬用・染料や建築材などに用いる黄蘗《きはだ》が名産であったことを紹介しています。

二月三日は朽木谷を一日歩き通し、龍華椽生で宿をとり、翌四日に途中峠を越えて山城に入っています。

■のちの地誌などに大きな影響

貝原益軒は優れた学者として有名ですが、福岡藩黒田家の藩士であり、藩の命令によって「黒田家譜」の編纂を担当していました。その現地調査を兼ねて各地を旅し、多くの紀行文を著しています。その大部分はいろいろと編集されて出版され、多くの人々に読まれました。その中には前述の『諸州めぐり』や『木曽路之記』をはじめ近江に関係する紀行文も多くあります。

江戸時代後半期の地誌や旅行記等には、彼の紀行文の影響が多く見られます。

たとえば、江戸時代末期、絵入りの地誌として親しまれた『木曾路名所図会』の草津宿の項には「貝原氏の『木曾路之記』にあるのみを、補遺してここに拾ふ也」とあります。また中山道の旅案内書として重宝がられた『岐蘓路安見絵図《きそじやすみえず》』の場合、「貝原先生の『木曽路之記』」を参考資料として編纂したと序文で断っており、その摺針峠に関する部分には、「摺針峠より湖水眼下に見えて好景也。竹生島戌亥《いぬい》の方（北西の方角）に見ゆる云々」と記述されていますが、これは『木曽路之記』の記事のほとんど丸写しです。

■『近江輿地《よち》志略』にも益軒の影響

ところで、次に紹介するのは、正徳三（一七一三）年に刊行の『続諸州めぐり』に収められている貞享二（一六八五）年三月、貝原益軒が美濃の関ヶ原から北国脇往還経由で敦賀へ赴いた時の紀行文です。その中にも、その後の旅行記等に影響を与えていると思われる部分がいくつか見られます。

まず、美濃関ヶ原から近江へ入り、伊吹山に関して「もぐさは伊吹山の八分にあり、よもぎ

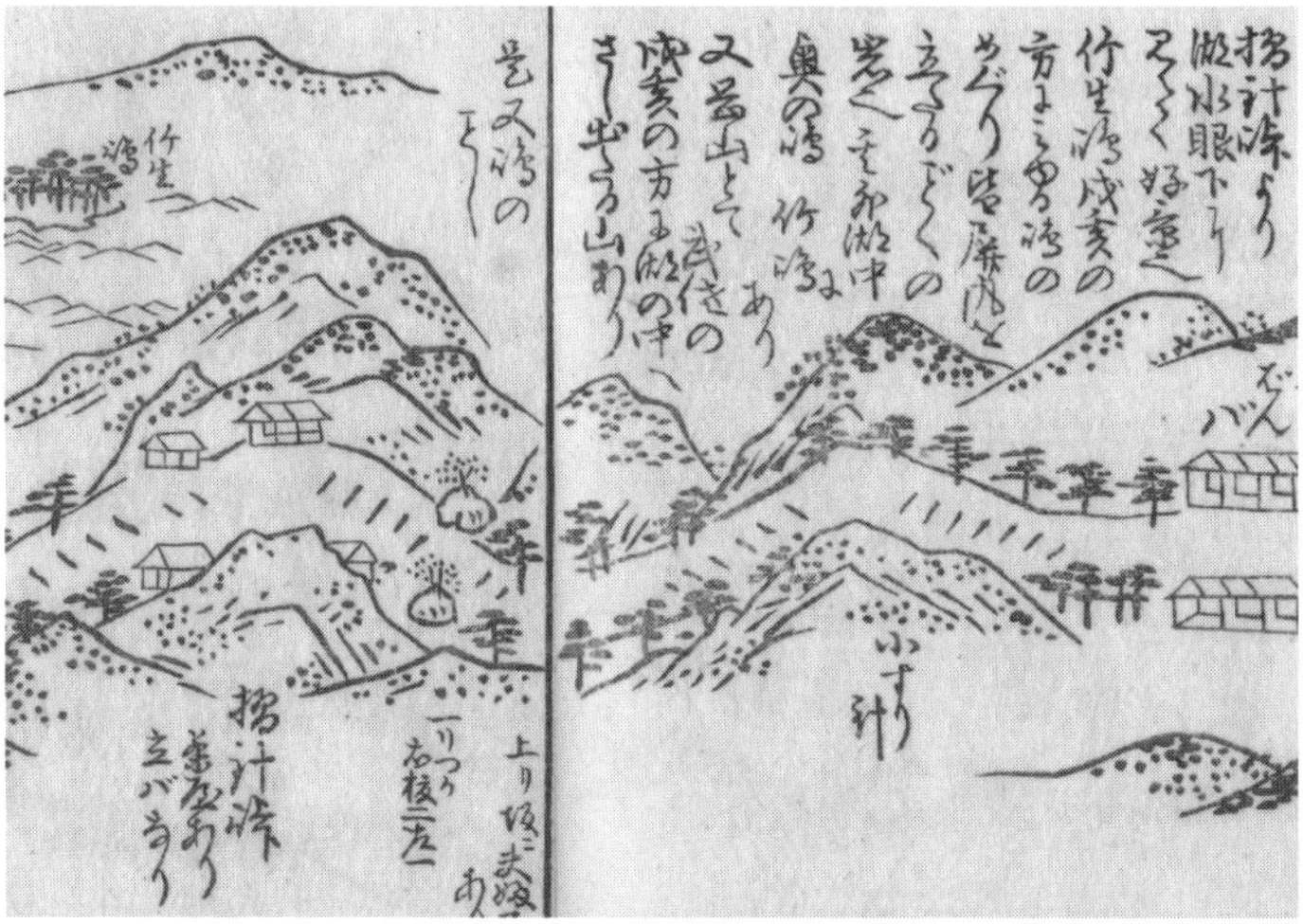

『岐蘇路安見絵図』の摺針峠の部分

の高さ三四尺あり、他所の艾《もぐさ》より大にしてうるわしし云々」の記述がありますが、その後発刊された近江の代表的な地誌『近江輿地志略』の伊吹艾に関する記事はこれとよく似たところがあり、その影響がうかがわれます。

　北国脇往還は伊吹山のふもとから、姉川古戦場、浅井長政の小谷城跡、織田信長の虎御前《とらごぜん》山陣跡の近くを通りますが、武士階級に属する彼にとって過去の合戦は関心事であり、それぞれ歴史的説明があります。ところが木之本については単に「地蔵堂あり」とあるのみです。一方隣村の黒田村については詳しい記述が見られます。まず黒田村については主家黒田家関連の地であるとして「黒田の元祖佐々木黒田判官宗清の所在地なりという」と記しています。『近江輿地志略』では黒田村の説明にこの『続諸州めぐり』の記事を引用しています。

■鵜呑みにされた益軒の文章

次に街道は賤ヶ岳古戦場にさしかかりますが、「賤ヶ岳の東南の山に中川清秀の墓があり、木之本の方からよく見える」と記述されています。中川清秀は賤ヶ岳合戦で戦死した武将で、その墓は子孫により天和二（一六八二）年に戦死の地、大岩山に建立されました。その墓が木之本からよく見えるとありますが、大岩山の頂上近くにある墓石が、木之本からよく見えるとは思えません。ところがその後の旅行記のいくつかに木之本からよく見えると書かれています。多分当時普及していた益軒の文章を読み、それを鵜呑みにしたためではないでしょうか。

賤ヶ岳の戦いについては中川清秀の墓の他にも、賤ヶ岳の七本槍の活躍、毛受《めんじゅ》勝介の身代りの話など詳しい記述が見られます。賤ヶ岳古戦場は江戸時代においてすでに名所化、観光地化していきますが、そのきっかけを作ったのは貝原益軒ではないかと思われます

ついで、余呉湖や付近の地形、並びに湖岸の村人が多く漁業に従事していること、更に湖辺

に天神の社があることなどについては比較的詳しく記述されていますが、有名な羽衣伝説については一言も言及していません。これも益軒の紀行文の特色といえましょう。

余呉湖畔を過ぎるといよいよ豪雪地帯の柳ヶ瀬以北にかかります。益軒が湖北路を旅したのは雪のない季節でしたが、この地方は冬「雪の深さが一丈ほどもある」「山から雪が俄に落ちて、道行人を打殺す事がある」等々の記述があります。冬の北国街道を旅する人に、最も恐れられたのは雪崩です。彼は雪の深さや怖さについて沿道でいろいろと聞き、それがよほど印象に残っていたのでしょう。

この後、益軒は柳ヶ瀬から疋田へ出て敦賀へと向かいます。

＊**葛川明王院**　平安時代初期に比叡山の僧相応が厳しい修験回峰行を行うための道場を比良山中の幽谷の地に求め、当地に創建し、以来修験行者の道場として発展した。本堂内には本尊の千手観音など重要文化財の仏像が秘仏として安置されている。行者が当院に参籠した時にはそれを示す木製の参籠札を収めている。現在、鎌倉時代から江戸時代にかけての参籠札が五百一枚所蔵されており、重要文化財に指定されている。

幕府役人として近江を通過

大田南畝

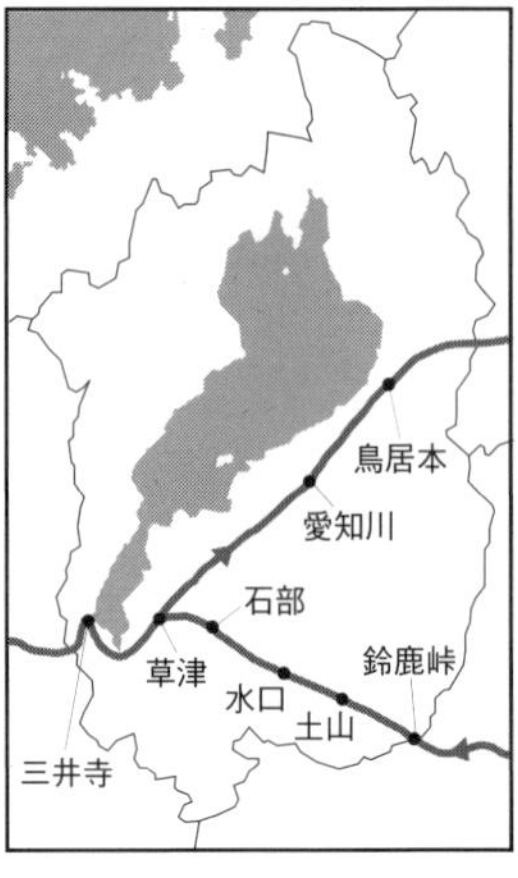

■大坂銅座の勤務に向かう旅

大田南畝《なんぽ》といえば蜀山人《しょくさんじん》、四方赤良《よものあから》などの別号をもつ狂歌師・戯作者として有名ですが、本名は直次郎と称し幕府の下級役人です。御徒《おかち》という江戸城や将軍の警固を任とする役職を務める家柄で、扶持米も少なく生活も苦しかったようです。このため栄達し一家を救うには学問の道しかないと考え、若くして文学に励み、十八歳で作詩用語辞典『明詩擢材』を刊行、十九歳では機知に富んでいたこともあり、『寝惚《ねぼけ》先生文集』を出して一躍文名をあげ、以後江戸の文芸界で活躍します。

■沿道の風物を丹念に描写

その後、寛政の改革で文芸活動が制限されると、若者が多く受験する幕府の学術試験「学問吟味」を四十六歳で受験し、主席で合格。その実力が認められ幕府の編纂事業等に登用されます。そして享和元（一八〇一）年、銅の取り引きなどを統制する役所、大坂銅座の勤務を命ぜられ、二月二七日に江戸を出発、東海道経由で大坂に向かい三月一一日に到着しています。

この時『改元紀行』という詳しい道中記を著しています。それによると、三月八日鈴鹿峠を越え、土山・水口宿を経て石部で泊まり、翌九日は草津を経て早めに大津宿に入り、翌一〇日逢坂山を越えて山城に入っています。大田南畝の紀行文は、貝原益軒と同様に地誌的性格が強く、沿道の風物が実に丹念に取り上げられています。

例えば土山から水口にいたる道筋では、土山の名物櫛、松の尾川、松尾大明神、大野立場《たてば》、慈安寺《じあん》（地安寺）、前野の鳥料理、布引山《ぬのびき》、岩上、稲川の碑、義朝の首洗水、新庄（新城）のぜんざい餅屋、そして水口城と、目に付くものを簡単ですが次々と記述しています。

ただ、この旅は幕府役人としての公的な旅で、大田南畝は駕籠に乗り、約十人の供人が付き従っており、自分の興味に任せて名所旧跡に立ち寄ることはあまりできませんでした。前述の稲川の碑は旅人のために井戸を掘りその便をはかった水口城代山口志兵衛重成の顕彰碑で、南畝はその碑文を読みたかったが「先を急げばかひなし」と残念がっています。この他にも「立ちよりて見まほしけれど」残念だと、述べている箇所が多くあります。

■歌枕より現実重視

南畝の一行は水口宿から、田川の立場、三雲、夏見と進みますが、夏見では「山水を筧《かけひ》にとり馬にのった人形がくるくる回るからくり」を見せ物にして心太《ところてん》を売っていたと描写しています。多分ここでは駕籠から降りて休憩し、店の様子をよく観察したのでしょう。

次に平松には、街道から少し入った山裾に根本より枝が幾本にも分かれ、傘のように見える天然記念物の珍しい松が自生しています。南畝は「ここの松は美しく、美し松と呼ばれていると聞くので、右の方にみえる松原をよく見たが、たいしたことはない。すべて聞くと見るとではこのように異なるものだ」とコメントしています。多分これは通りがかりに駕籠の中から街道の松並木を見て、美し松と見誤ったのだと思われます。

ところで、南畝は作詩歌を得意とし、道中でも多くの詩や歌を作っていますが、これらは巻末にまとめて載せ、あえて、中世以来の歌日記の形式をとっていません。また古歌に歌枕としてよく取り上げられた名所でも歌枕を追体験するような受け止め方はしていません。例えば、古来歌枕として著名な「野路《のじ》の玉川」(草津市野路町にあった小川)の跡では、小さな池があるのみで古歌に歌われた萩も見えないと現実を観察した上で、古歌の昔を偲ばないわけではないと一言付け加えているだけです。このように歌枕を媒介として名所旧跡を観賞するのではなく、現実の客観的描写

湖南市平松の美し松

に徹するところが南畝の紀行文の特色です。

近江での二日目、三月九日の日程には余裕があったため、義仲寺で足を止め境内を見て回り、木曽義仲や松尾芭蕉の墓に詣で、その灯籠の文字まで写し取ったりしています。また一旦大津の旅籠に入ってから、三井寺に出かけ、夕方の広い境内で、旅の一時を堪能しています。後日、この時のことを友人宛の手紙に「私は三井寺に参り、絶頂より湖水を眺め渡した。山は八重一重の花の雲の中で、三上山、鏡山、唐崎、矢橋、瀬田の景色、夢を見ているようで、今もその事を思い出す」と書いています。よほど印象深かったものと思われます。

■大坂銅座の任期を終え、江戸へ

ここまでは、大田南畝（蜀山人）が享和元（一八〇一）年、大坂銅座へ向かった時の旅日記を取り上げましたが、以降は一年間の任期を終え、翌年三月二一日大坂を出発、中山道経由で江戸へ向かい四月七日に帰着した時の旅日記、『壬戌《じんじゅつ》紀行』を取り上げます。紀行文というべき長文の旅の記録です。

大田南畝の紀行文は従来から「おもしろくない」という評価があります。「道中で目に付いた些細なことがらが次々とつづられているだけで、無味乾燥である」等と指摘されています。ところが、道中で目にしたものを、よく観察し、細かく記述しているのは、南畝が目新しい体験のできる旅そのものを楽しんでいるからであり、また旅の様子を将来懐かしく思い出す「よすが」とするためであると述べています。彼の文才とは関係はありません。

ところが一方、我々にとってはこの道中の些細な記録が、当時の街道の様子を知る非常に貴重な資料となっています。

■道標を克明に記録

その第一は沿道の道標についての記述です。ほとんど網羅的といっていいほど克明に記録されています。その多くは現在なくなったり移動したりしています。有名な草津宿の中山道と東海道の分岐点の道標については、南畝は「右東海道いせ道、左中山道北国きそたが道」と表記した道標があると記述しています。現存の道標は十数年後の文化一三（一八一六）年に建立されたもので、「右東海道いせみち、左中仙道美のぢ」とあり、文言も少し異なっていることがわかります。

野洲《やす》の中山道と朝鮮人街道の分岐点には享保四（一七一九）年建立の道標がありましたが、下部が折れ、投げ捨てられていたのが見つかり、現在、近くの蓮照寺《れんしょう》（野洲市行畑）の境内に保存されています。「右中山道」、「左八まん道」とありますが「中山道」の下の部分が判読困難です。南畝は「右中山道たが北国道、左八まん道」と記録していて、中山道の下に「たが北国道」の文字があったことがわかります。

蓮照寺境内の道標

また南畝は鳥居本宿を過ぎた所に「北国まへはらきのもと道」などと彫られた道標があったことを記しています。この道標は有名な道標ですが、現在行方不明です。

■私領の石碑や一里塚も

第二に私領の境界に「従是《これより》北淀領」、「従是北宮津領」「従是南郡山領」等と記した石碑が、彦根藩領の多い湖東地方以外に多く建てられていたことが克明に記されています。これにより近江では他国大名等の領地が多く入り組んでいたことがわかります。その碑のほとんどは今日存在していませんが、もと焔魔堂《えんまどう》村（守山市）にあった「従是南淀領」の碑は現在同所の諏訪神社に移され保存されています。

第三に一里塚についてもほとんど網羅的な記述がありますが、これも現在残っていません。唯一、今宿《いまじゅく》村（守山市）にあった一里塚は現存し、県指定の史跡になっています。

以上の他、興味をそそられるのが、沿道で売られていた名物、名産品に関する記述です。武佐宿の武佐枡《ます》、愛知川の銘酒琴のね、鳥居本の神教丸・合羽《かっぱ》など実に多種多様。南畝は駕籠の中から看板やのれんを注意深く眺めながら書き留めたものと思われます。例えば鳥居本宿では右に仙教丸、左に神告丸、また神教丸という看板を出している家がある。是が本家である等と目にしたままを具体的に記述しています。

鳥居本宿の合羽の看板

このように詳細な記録をするために、南畝は事前に貝原益軒の紀行文『木曽路之記』等により相当な予備知識を持つと同時に、それらの本を携えて、沿道の様子を観察していたものと思われます。ただ貝原益軒の記述を鵜呑みにはしていません。貝原の本には武佐の辺りで「すくも」（泥炭）がとれると記していますが、村人に聞いてもわからないとか、摺針峠からの景色について貝原の記には南に奥の島、竹島があると記されているが、よくわからないなどと記述しています。

歌に託して映す東海道かがみ

小堀遠州

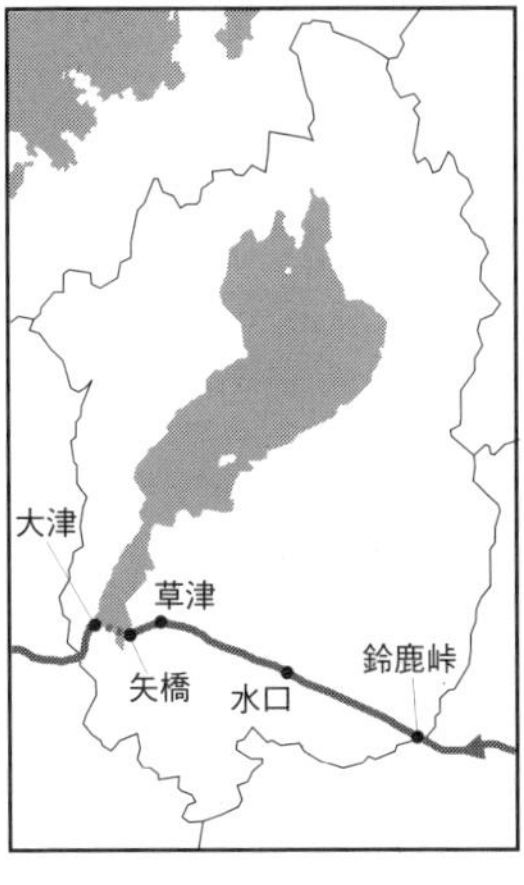

四十三歳の時の江戸から京への旅

遠州流のお茶や庭園で有名な小堀遠州（政一《まさかず》）は天正七（一五七九）年に坂田郡小堀村（長浜市小堀町）で生まれました。現在、小堀町の公会堂の前に、「小堀新介殿屋敷跡」と記された石碑が立っています。「新介」とは遠州の父親正次のことです。近くには「ばんば堀」という屋敷の堀跡も残っており、付近は長浜市の史跡に指定されています。

慶長九（一六〇四）年に父の遺領一万三千石を受け継ぎ、備中松山城（岡山県）に入りますが、元和五（一六一九）年には領地を近江国浅井郡に移されています。彼は大名であり、また有能な幕府の役人でした。京都を中心とした各国の幕府直轄地等における幕府政治の代行者である国奉行に任じられています。すなわち、備中国奉行、河内国奉行、近江国奉行を歴任し、最後に伏見国奉行を死去するまで務めています。そして、生活の本拠地は伏見にあったようです。

小堀遠州は、このような一般行政に加え、各地の城や庭園の工事を進める普請・作事奉行、すなわち技術官僚として優れた業績を残しています。彼の持ち前の芸術的センスは、この技術官僚としての立場から遺憾なく発揮できたといわれています。慶長一三（一六〇八）年、駿府城建築の功により遠江守に任ぜられ、「遠州」と通称されるようになりました。彼はこれらの業務のために、何度も東海道を上り下りしています。

■狂歌調の和歌で旅を楽しむ

そのうち、元和七（一六二一）年四十三歳の時、江戸から京へ旅した日記が『続群書類従《ぐんしょるいじゅう》』の「小堀遠州辛酉《しんゆう》紀行」として収められています。遠州は教養も豊かな文化人であり、狂歌調の和歌を多く取り入れて、当時の特色がよく表れている作品です。彼はこの年の三月初め江

長浜市にある小堀遠州の出生地跡

戸に出かけており、その帰りの旅の記録です。

元和七年九月二二日に江戸を発ち、ちょうど紅葉の季節で、各地で紅葉を楽しみながら、一〇月の三日に鈴鹿峠を越えて近江へ入り、翌四日に京に到着しています。遠州にとって故郷近江を通過する旅は、思いひとしおではなかったかと思われます。

土山を過ぎて水口の里にさしかかると、左右の田んぼに目をやり、一首。

水口を 苗代に見し近江路を
帰れば霜の 置くて田となる

この東海道紀行は江戸からの帰京の旅。「行きには苗代であった近江路の田んぼが、帰りに見ると霜の置く晩稲《おくて》（成熟の遅いイネの品種）田となっている」という意味でしょう。

■京から縁者が「関迎え」

和泉川《いずみ》（野洲川）を渡り石部の里まで来ると、早々と京都から縁者が関迎えにやってきます。本来、関迎えとは京に来る人を逢坂関まで出迎えることをいい、合坂（逢坂）の呼称のもとにもなったといわれています。

出迎えの人々と話しながら歩を進めると、間もなく鏡山（竜王町・野洲市の境界）です。この山は「鏡」から連想される「映る」、「曇る」、「見ゆ」、「影」などの言葉と一緒に古歌に多く詠まれて、近江の歌枕として有名です。遠州もここで一首。

心ありて 時雨も曇る鏡山 やつれぬる身の 影を見せじと

（鏡山がしぐれで曇っていてくれるのは、私のやつれた身が映し出されないように心していてくれるのだ）

ところがまもなく晴れてくると、また一首。

旅衣 破るる影を 見えじとて 笠きて腰を 鏡山かな

（旅衣の破れた姿が見えないように笠を着て腰をかがめて鏡山を過ぎる。「鏡」と「かがむ」を掛け

ている）

草津の里を過ぎて、矢橋（草津市）から渡し船で大津へ向かいます。船上から比叡山を見て、

追風に 舟は矢ばせの 渡しなれど 破れ衣に 身はひへの山

（矢橋からの渡し船は追い風にのり比叡山を見ながら速く進むが、自分は破れ衣で身が冷える。「比叡」と「冷え」が掛詞）

ほどなく打出浜《うちではま》に着きます。ここで、かねてから親交のあった当時の膳所城主菅沼定芳《すがぬまさだよし》と会い、懐かしさのあまり一晩語り明かしています。そして四日、逢坂の関を越えて京都へ入っています。

■六十四歳の時の京から江戸への旅

江戸時代も三代将軍家光のころになると、世の中の秩序が整い、茶の湯が武家儀礼の一つとして位置づけられるようになります。当時、小堀遠州は家光の茶道師範の地位にあり、将軍の催す茶会で度々重要な役割を果たし、近世の茶道は遠州によって大成されたといわれています。

このため、当時としては高齢の六十歳前後で、江戸と京都・伏見の間を何度も往復しています。

■将軍の要請で出府

たとえば、寛永一九（一六四二）年にはまず五月に江戸へ出府して、将軍家光に会い、七月に帰着。そしてまた一〇月八日に伏見を発ち、一七日に江戸へ着いています。前述の、遠州が四十三歳の時の東海道上りの旅が十三日かかっているのに比して、その二十一年後六十四歳の高齢で十日間の旅は、遠州にとって相当にきつい旅であったように思います。この時の旅は、その前後の状況から、将軍のたっての要請による出府であったと思われます。

この一〇月八日〜一七日の旅の模様は、現遠州流宗家《そうけ》の小堀宗慶氏の著書『小堀遠州東海道旅日記上り下り』に元和七年の上りの旅日記と一緒に紹介されています。

一〇月八日の早朝、夜のまだ明け切らないころ、伏見を発ち、逢坂山を越え、「瀬田の長橋渡らんも、短日（みじかび）なれば、打出の浜より渡し舟に助けられて鳰の海こがれ行く、北を見れば志賀の古郷（ふるさと）也」と流麗な文章でつづられています。そして故郷近江からの別れの気持ちを込めた歌二首を掲げています。

ふるさとの 松としきかば旅衣 たちかへりこん しがのうら波

出《いで》てゆく けふの別れを おしといふ けしきながらの 山の時雨は

矢橋の渡し船から上がり、東に向かうと、近くに老蘇森《おいそのもり》と時雨に曇る鏡山が見えます。ここで一首。

心ありて くもる鏡の山ならん 老いその森の かげやうつると

老蘇森と自分の高齢を掛けて、鏡山が時雨に曇っているおかげで自分の老い姿が鏡に映し出されなくてすむという、前に紹介したのと同類の歌です。

■先を急いだ旅

この日は水口まで足を延ばして一泊しています。到着したのが「戌《いぬ》の刻」とあり、夜の八時ごろに宿に入ったことになります。普通「京立ち石部泊まり」といって、朝、京を出発した旅人は石部宿で泊まるのが通例ですが、遠州はそれより三里半も先の水口まで進んでおり、この日の行程は実に十三里余（約五十四キロ）に及び、いかに先を急いだ旅かがわかります。

翌九日朝は夜がまだ明けやらぬ「鶏鳴を聞く」ころに水口宿を発ち、午前八時ごろには、すでにそれより約十七キロ先の鈴鹿峠のふもとに到着しています。水口といえば遠州が五十五歳の時、寛永一〇（一六三三）年に将軍の宿泊所である水口城の造営にかかわっており、昔懐かしい場所ですが、その姿をゆっくり見る余裕はなかったと思われます。

前日旅立ちの時に、親友である大徳寺の僧、江月《こうげつ》和尚（宗玩《そうがん》）から餞別の手紙と漢詩を受け取りながら、出発の慌しさのため、すぐには開けず、この日に鈴鹿の鈴鹿神社の神前で、時雨のために小休止した際に、そっと開いて目を通しています。「互いに風流を大切にしてきた私たちなので、桜の花咲く風流の時に、また京都で会いましょう」という内容の漢詩に、老齢の道中を気遣う旨の手紙が添えられておりました。遠州は旧友の友情に感謝し、思わず涙を流します。そして

花の時 あはむとならば 鈴鹿山 神にぞ祈る ながき玉の緒

と一首を詠みました。花の季節に再会するために、お互いの生命の緒の長からんことを鈴鹿神社の神前に祈っています。

この旅の最後は夜通し歩を進めてやっと一七日に江戸の屋敷に着いています。そして翌日には遠州は将軍家光に茶を献じています。その後、結局、遠州は家光の求めに応じて、足かけ四年間も江戸に滞在し、将軍家の茶の湯指南の役を務めます。正保二（一六四五）年六十七歳でその任を終わるに際して、将軍家光は手ずから茶入の橘丸《たちばなまる》壺を遠州に与えています。

水口城の面影を伝える水口城資料館

嘆願途上に宿駅をランク付け

錦織五兵衛

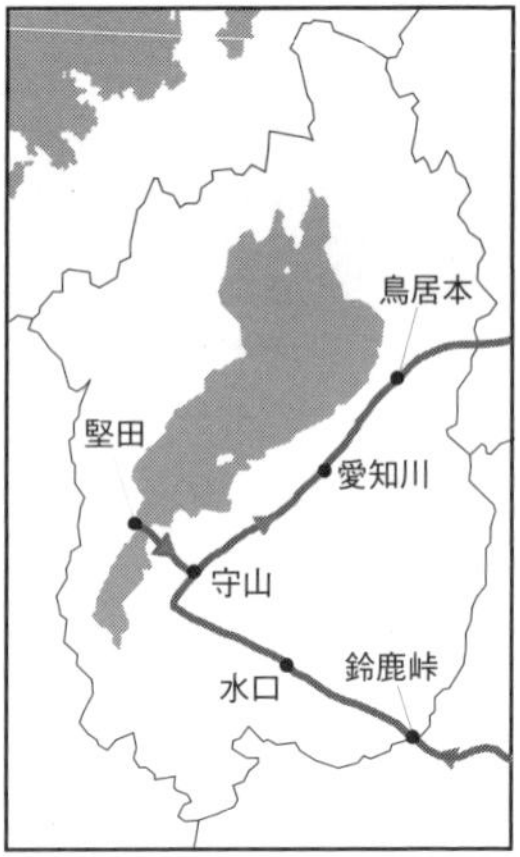

■中山道・東海道のすべてを評価

江戸往復のために通過した中山道と東海道のすべての宿駅について「上・中・下」等のランク付けを行っている珍しい旅日記があります。

本堅田《ほんかたた》（大津市）の村年寄錦織五兵衛は他の村役人三人と共に、助郷役の負担免除嘆願のため、元治二（一八六五）年三月、江戸へ出かけ、同年（改元して慶応元年）閏五月に堅田へ帰着しています。その時の旅日記、『中仙道十四垣根』と『東海紀行』によりますと、行きは堅田から対岸の守山宿の近くまで湖上を舟で渡り、中山道を通って江戸へ行き、帰りは、江戸から東海道を経て石部宿に至り、中山道の守山宿へ出て、近くの港から舟で堅田に帰着しています。

錦織五兵衛はこの江戸往復のために通過した中山道のすべての宿駅（守山宿〜板橋宿）と東海道の草津・大津宿以外の五十一宿（品川宿〜石部宿）について、各宿駅の状況を観察し、彼の旅日記の中で、「上々」から「下々」まで数段階のランク付けを行っています。

何を基準に評価したのかよくわかりませんが、おそらく各宿駅の規模や家並み、料理や人情等待遇の状況などを総合的に判断して優劣を付けたものと思われます。いずれにしろ一人の旅人が、東海道・中山道のほとんどの宿駅について、一斉に行った宿駅評価であり宿駅研究の上で興味深い史料といえます。

■土山宿のランクは「下」

近江の宿駅の評価は次の通りです。大津、草津宿が抜けていますので「上」に属する宿駅はありません。

・「中の上」…高宮宿

・「中」…鳥居本宿、水口宿
・「中の下」…守山宿（往路）、武佐宿、石部宿
・「下」…番場宿、醒井宿、柏原宿、土山宿、守山宿（復路）

高宮宿は中山道有数の宿駅人口を擁する宿駅であり、それに次ぐ鳥居本宿は近江の中山道で旅籠屋数が最多の宿駅です。東海道の宿駅の評価は中山道に比して相当に厳しく、全般的にランクが低くなっています。守山宿の場合、行きの中山道経由の評価「中の下」に比して、東海道経由の帰りの評価は一段低く「下」になっています。番場、醒井、柏原《かしわばら》、土山の各宿は山際の宿駅であり、いずれも「下」と評価されています。

■名産のレポート

ところで、錦織五兵衛の旅日記のもう一つの特色は、古来有名な名所旧跡は簡単な記載でですませ、自分が目にし、感じた街道の風物や人情を相当詳しく書き留めていることです。各所の名物について多くの記述があるのもその一例です。

一行は三月四日に堅田を発ち、守山、武佐宿と進みますが、両宿の間の清水鼻では「名物

高宮宿の現在の町並み

鯡《にしん》、この辺より高宮布売店多し」と記されています。次の愛知川宿で一泊、翌日は高宮宿、鳥居本宿と進みますが、その間の大堀村では「鮎の生造り名物なり食す」、次の小野村では「小野餅屋名物なり」との記述があります。

鳥居本宿では名物の赤玉神教丸を江戸への土産に買い求めています。鳥居本宿と次の番場宿の間にある摺針峠では「名物の餅あり」。番場宿では「名物醒ヶ井餅、小鮎等」とあり、当時、醒井餅が番場宿でも売られていたようです。

次の醒井では、醒井餅の記述はなく、各所で湧き出ている「名水を飲む心よし」とあり、続く柏原では「名物艾《もぐさ》多し」とあります。艾屋亀屋左京店で見事な庭を見物し、店頭に置かれている「福助の大きさ六尺ばかり」の像についても見逃さずに記述しています（この福助像は、現在も同店で見ることができます）。

帰りは五月二五日に江戸を出発、途中で大井川の川止めに遭いながら、東海道を進み、閏五月一七日に鈴鹿峠を越えて近江に入り、土山宿を経て水口宿で泊まり、横田川の川止めに遭い、一八日の夜に石部宿着、夜も歩いて一九日の朝に、守山宿に到着。小休の後、その日のうちに、舟で堅田に到着しています。

この旅日記には、旅の目的である助郷役の負担免除嘆願の結果には一言も触れられていません。

加賀百万石の参勤交代随行記

竹田昌忠

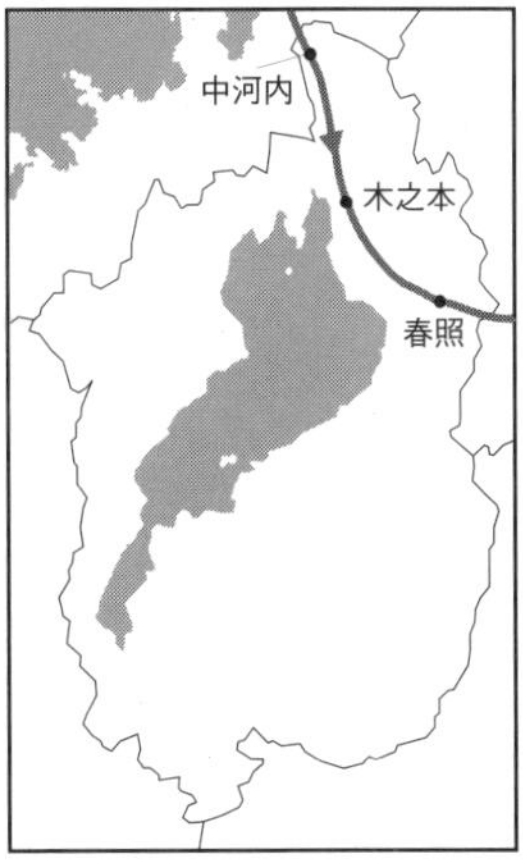

■行軍の名残とどめる武士の旅

加賀藩主の参勤交代経路は、越中回りの下《した》街道と、越前・近江回りで中山道または東海道を経由する上《うわ》街道の二つがありました。そのうち上街道は遠回りになるために、下街道が通行困難など特別な場合にのみ使われており、江戸時代を通じて通行は参勤（江戸へ行く）と交代（国元へ帰る）を合わせて九回に過ぎません。今回取り上げる、寛延四（一七五一）年の参勤は、その数少ない上街道経由の事例です。

この参勤一行に随行した加賀藩士竹田昌忠の紀行文『木曽路記』（金沢市立玉川図書館近世史料館蔵）の冒頭に「越後の海辺の道がひどく荒れて、通行不能」のために上街道を通ったとあります。六月二一日に金沢を発って、上街道を越前から近江へ進み中山道を経由して、七月七日に江戸に到着、十五泊十六日の行程でした。

■大名の関所通過は行列を立てる

ただ同書の筆者はなぜか、七月四日上野国の坂本宿に着いたところで、藩主から特別な「仰せごと」があり、急きょ引き返して、七月一六日の午前中に金沢に帰着しています。その行き帰りに通った近江の沿道や宿駅の様子を、『木曽路記』に相当に詳しく、所々に和歌を交じえながら旅情豊かに描いています。

加賀大名行列図屏風（石川県立歴史博物館所蔵）

六月二四日に越前の今庄宿（福井県）を発った一行は、板取宿を経て栃ノ木峠に至り、近江に入って峠の茶屋で休憩します。通行の大名も必ず足を止めたという有名な茶屋で、その建物は昭和時代まで残っていましたが、現在は余呉湖畔に移されています。峠から坂を下り中河内宿（余呉町）で昼食。「家数が少ない」とあり加賀藩の参勤一行を収容するには施設が不足していた様子がうかがわれます。

続いて、柳ヶ瀬の関については「柵がめぐらされ」、いかにも物々しい関所の様子ですが、「笠も取らず、駕籠の引戸を少し開いただけで通り過ぎた」と記述されています。本来、参勤交代の一行が関所を通過する時には、「行列を立てる」のが作法でした。すなわち、警蹕《けいひつ》の声で、乱れていた隊形を整え、笠をかぶり、騎馬の侍は騎乗し、駕籠に乗っている者は藩主以外駕籠から降りなければな

加賀藩の大名行列は屏風図のように壮大であった。

りませんでした。当時、参勤交代の一行に対する柳ヶ瀬関所の扱いは、相当に簡略化されていたことがうかがわれます。

■賤ヶ岳古戦場に関心

柳ヶ瀬の関所を通過した一行は小谷《おおたに》、今市などを経て南に向かい、谷が開けてくると、賤ヶ岳を遠望しながら中之郷に至り、余呉湖も見えてきます。

この記述の中で、賤ヶ岳については武士階級の道中記だけあって、過去の合戦には関心が深かったとみえ、比較的詳しい記述が見られます。とくに「賤ヶ岳は木之本からよく見える。城跡より左の方に中川瀬兵衛（清秀）の墓がある」と記されています（48ページ参照）。中川清秀は賤ヶ岳合戦の際、大岩山に陣し、緒戦で、佐久間盛政軍の奇襲攻撃を受けて戦死しました。その子孫である豊後の岡藩主が建立したもので、岡藩主は参勤交代の途中回り道をしてこの墓に詣でています。

一行は、菅山寺《かんざん》の登り口を左に見ながら木之本宿に至り、一泊しています。木之本は「家数が多い」と記されていますが、有名な木之本地蔵については一言も触れていません。寺社参詣を主とした庶民の旅とは違い、行軍の名残を留める武士の旅では、古戦場や城跡には関心があっても、寺社には余り関心がなかったのかとも思われます。

翌二五日早暁に木之本を発った一行は小谷宿《おだに》で休み、春照《すいじょう》（米原市）で昼食をとっています。「このあたり、伊吹艾《もぐさ》の店が多い」と記されており、伊吹艾は中山道柏原宿の名物として有名ですが、近隣の春照宿においても多く売られていたことがわかります。

加賀藩参勤交代の行列は、春照から、寺林村、藤川宿と伊吹山麓を通って美濃国（岐阜県）に至ります。その道の「両方より岩が出ている所がある」と記されていますが、これは当時「夫婦《めおと》岩」と呼ばれ、国境の目印になっていました。現在は片方しか存在していません。

高齢武士の近江縦断見聞録

前田直時の家臣

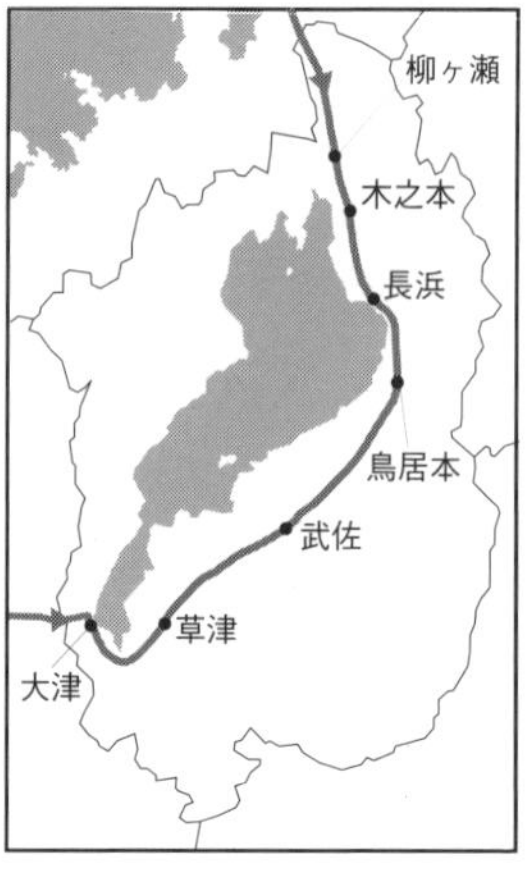

■芳春院の二百回忌法要のため京へ上る

金沢藩初代藩主前田利家の正室「まつ（芳春院）」の二百回忌法要のために京都へ出かける前田土佐守直時一行に随行した家臣の旅日記『金沢・京都往復道中記』を紹介します。この筆者は京都へは初旅で、「老いの思い出として」参加した高齢の家臣です。

文化一三（一八一六）年の夏、七月二日に金沢を出発した一行は、七月五日に近江に入り、中河内宿で一泊しています。高原地帯にある中河内の、夏とは思われない気候が相当に印象深かったと見え、日記に「あまりに涼しいので、着物を着たがまだ寒い感じ」「蚊がいないので蚊帳をつらなくても良い」「山には鶯《うぐいす》と郭公《かっこう》・時鳥《ほととぎす》の鳴き声が同時に聞こえる」と珍しそうに書き留めています。

■腰を押してもらって登った摺針峠

翌六日は中河内から鳥居本宿まで四十五キロの強行軍。途中、中之郷の辺りから笹の葉に短冊をつけた七夕飾りが見られたこと、木之本地蔵では「にわか」(俄狂言)が演じられており、殊のほか賑やかであったこと等の珍しい情景を書き留めています。摺針峠では高齢のため、腰を押してもらってやっと登り、絵に描いたような琵琶湖の見事な景色を堪能しています。翌日は草津宿で一泊、名物の姥が餅を賞翫《しょうがん》し「随分風味よくきれいなり」と評しています。翌八日は大津で昼食をとり早めに入洛しています。

京都では七月一二日〜一四日にかけて、紫野の大徳寺の塔頭《たっちゅう》、芳春院で「まつ」の二百回忌法要が執行され、責任者の前田直時はじめ多くが参列しています。しかし、この筆者らはなぜか、法要の当日を含め京都滞在中は各地を観光して過ごしています。

■木之本宿の桑酒に「よろしき風味」

京都には十日間滞在し、七月一九日に京を出発、復路は名所を見物したり、名物の土産物を買い求めたりして金沢に向かいます。

一九日の午後は、三井寺参詣に相当に時間をさいています。日記で特に興味深く記述されているのが、本堂の左の舞台から遠眼鏡で眺める景色、俵藤太秀郷が竜宮から得て来たという梵鐘、弁慶の汁鍋と称せられている大きな釜等です。舞台には案内人がいて、見物の者が見たいという物の方角を指し示したりしており、まさに参詣というよりは見物です。

当日は草津で泊まり、翌二〇日は草津から高宮宿まで約四十四キロの行程。この間には野洲川、家棟《やなむね》川、横関川、善光寺川、愛知川、犬上川と多くの川がありますが、野洲川と愛知川には仮橋、横関川には渡し舟があったこと、そして家棟川は天井川で、土手の上り下りの坂が相当きつかったこと等、逐一記されています。高宮の名物は「高宮嶋《しま》（縞）」と称せられる麻布で、筆者も早速一反買い求めています。

二一日は高宮から木之本までの行程。木之本宿では名物の桑酒を飲み、「よろしき風味」と

木之本町北国街道沿いの町並み

て徳利二本を土産に買い求めています。

二二日は木之本を発ち、賤ヶ岳、余呉湖を眺めて進み、柳ヶ瀬と椿坂峠の茶屋で休憩。名物の小豆付きの餅を食べていたところ、後から到着した者の分がなくなり、団子ならありますと勧められますが「だんごはいや」と断っています。

当日は中河内で昼食をとり、越前に抜ける予定でしたが、主人の直時が体調不良で当地で泊まることとなり、急に暇ができたので、すでに咲き出している庭の萩を観賞したり、金沢へ手紙を書いたりして時間を過ごしています。また携帯してきた野点用の道具を入れた茶箱を取り出し、砂糖漬けの生姜をお茶請けに抹茶を数服楽しんだりしています。忙しい行程の中、ほっとした一時のようでした。

二三日は朝早く中河内を出発、月の明かりで歩みを進め、栃ノ木峠の茶屋で一服。

この茶屋で、大切に伝えられている豊臣秀吉ゆかりの大茶釜や、朝鮮出兵の時にもたらされたという十文字の槍など、いずれもすすけたり、さびたりした遺物ばかりですが、しばし時間を取って拝観しています。この日は越前府中（武生）まで四十四キロを進み、三日後の七月二六日に金沢に帰り着いています。

主君の公的用務に随行した旅ではありましたが、筆者は「老いをも忘れ」「心も若やぎ」心躍らせて参加し、道中での見る物、聞く物、非常に新鮮であったようです。

幕末志士の母親孝行の旅

清河八郎

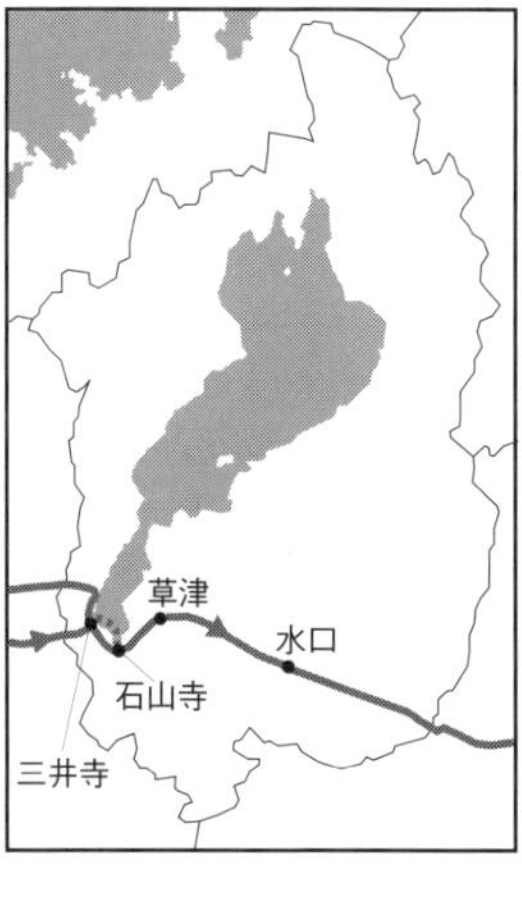

■母親を伴い、半年間旅行

*清河八郎は天保元（一八三〇）年、出羽国の清川村（山形県東田川郡庄内町清川）の酒造業を営む富豪で、郷士の斎藤家の長男として生まれました。父親は家業に励むと共に文化人で「唐詩選」を好み全巻暗唱していたといいます。八郎（幼名元司）も幼少時から学問については抜群の才能を示しました。

一方家業の商売には身が入らずに、十八歳で家出して、江戸で学問と武術の修業に励みました。一時、弟の死により止むを得ず実家に帰りますが、父母の反対を押し切ってまた家を出て、二十五歳で江戸で自ら塾を開設するまでに成長しました。

ところがまもなく、塾舎が火事で類焼したため、いったん帰郷した機会に、今まで親を裏切ってきたこともあり、せめてもの親孝行にと、母親を伴い、安政三（一八五六）年三月二〇日から、関西、中国、四国、関東を回る約半年の旅をしています。その時の旅日記が『西遊草』で、毎日の旅の様子が彼の感想を含めて実に克明に描かれています。

■女人禁制を残念がる

瀬戸内、大坂から京都を経て、六月一一日に近江に入っていますが、その途中、山科では大石内蔵助《くらのすけ》の屋敷跡の碑を見て「この英傑の心中は実に大胆である」と大石内蔵助が仇人を欺き大望を達成するために、ここでの大胆な行動を高く評価しています。これは八郎のその後の行動と相通ずる面があります。

山科から東海道を通って大津へ回らずに小関越《こぜき》えで三井寺に至っています。この道筋の方が「穏やかな登り坂であるが、道幅が広く、大津道よりも牛馬の往来の煩わしさがないのでかえって快く思われる」とあり、当時の道路状況がうかがわれます。

三井寺では、本堂からの眺望の良さを具体的に記述した後に、「奥の院には弁慶が竜宮から比叡山に引き揚げたという鐘があるが此処は女人禁制であるから母はここに参ることが出来ない」と残念がっています。同様に『西遊草』には母親も伴っている旅行のために関所の通過等、女性に対する旅行の制約に苦労した話が何ヵ所か出てきます。

■大津港から石山寺へ

大津の港から舟で石山寺に向かう途中、「膳所の城は湖に臨み、天守がそばだち青天に相映

三井寺山門

じて、その綺麗さは言葉にあらわせない」とその風景と涼しい船旅のひとときを楽しんでいます。

石山寺では紫式部の掛け軸の掛かった「源氏の間」等を見学した後、門前の料亭の二階で休憩し、源五郎鮒の料理を食べています。そして「鰻も食べたが、食べるに値しないまずい味だ。京大坂では鰻は食べないことだ」と述べ、江戸の鰻料理の味を知っている八郎としては「鰻を食べるなら江戸に限る」と言いたげです。

この日は石山からさらに瀬田、粟津、大津を経て唐崎の松の傍らで宿をとっています。粟津はいわゆる「粟津合戦」で木曽義仲が討ち死にした所であり、その墓が大津の入り口の義仲寺にあります。八郎は義仲の功罪について記し、最後に「三十歳前後で天下に名をとどろかした勢いは尊敬すべきである」と述べています。まさに八郎のその後の生き方をある意味で言い当てて評価している感じがします。

■水口は「見ぐるしき城下」

翌一二日は坂本を経て、山中《やまなか》越えで京都白河に向かいます。八郎は日記に、日吉大社は女人も上まで行けるが、比叡山は女人禁制である。かつての延暦寺僧侶は天皇を悩まし、婦女子をかすめるなど悪行をほしいままにしてきた、それでいて女人禁制とは笑うべきであると、厳しい批判の言葉を書き付けています。

その後七月にかけて、京都、大坂等各地を観光して、再び近江に入り七月一二日大津から矢橋の渡しを通り草津、石部を経て、水口の枡屋で宿泊。水口の町については「至って見ぐるしき城下なり」と評しています。

清河八郎はこの旅行後も、また江戸で塾を開きますが、桜田門外の変後の政情に刺激され尊王攘夷運動に身を挺し、幕府を欺くような行動をとったりしたため、危険人物視され、三十四歳で暗殺され波乱に富んだ一生を閉じています。

＊清河八郎　一八三〇～六三。幕府の不平等条約締結などの外交政策に憤激して尊王攘夷の同士を集め万延元（一八六〇）年、「虎尾の会」を結成し倒幕の計画を進めたが失敗。ついで薩摩の志士らと京都で挙兵しようと画策したが、これも挫折。文久三（一八六三）年には将軍上洛警護を名目に幕府の許可を得て、「浪士組」を結成し、上洛。幕府の意図に反して尊王倒幕を目指す活動を展開した。このため幕府の刺客によって暗殺された。

日野商人と交流した宿場役人

金井忠兵衛

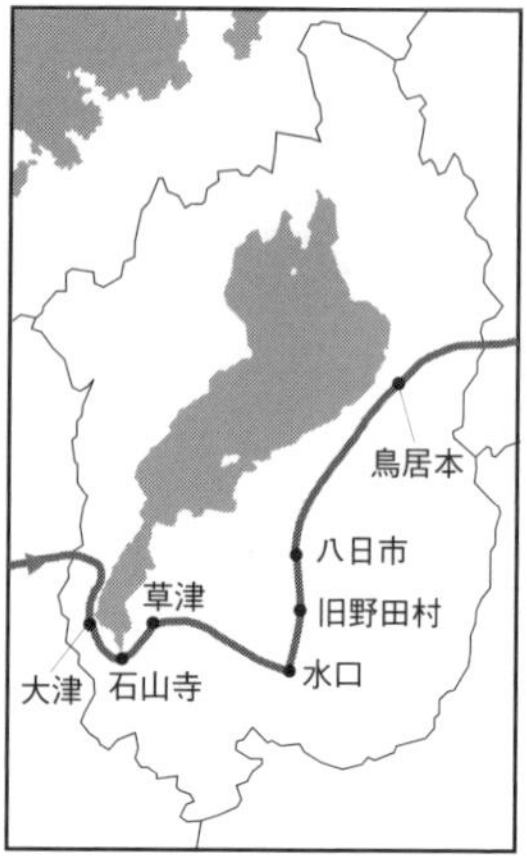

■長崎への旅の帰りに近江へ

上州（上野国、群馬県）の板鼻は中山道沿いの大きな宿駅でした。金井忠兵衛は、その宿駅で本陣・脇本陣に次ぐ資格を有していた牛馬宿を営んでいました。彼は知識欲が旺盛で、博学な上に、茶道や、囲碁などの趣味も豊かでした。文化八（一八一一）年板鼻宿が大火により衰微した際、宿役人総代として、江戸へ出かけ嘆願活動をし、復興促進策の樹立に成功しています。この際、幕府役人と種々交渉する中で、社会の動静や諸外国の状況にも関心を強め、長崎への旅を決意します。『金井忠兵衛旅日記』によりその概要や特色を紹介します。

■比叡山から近江へ

文政五（一八二二）年正月二日に同行者十一人で板鼻を出発、名古屋、伊勢、奈良、吉野、高野山、大坂等で各名所旧跡を訪れながら、同行者はそれぞれ目的により途中で分かれ、結局一人で山陽路を九州へ向かい、二月二七日に長崎に到着しています。長崎では四日間滞在し、港に浮かぶ異国船を目にするなど珍しい体験をします。

帰途は山陰路を通って、福知山から京都に入り比叡山から近江に入ります。比叡山から坂本、唐崎、三井寺を経て大津宿で泊まっています。各所の名勝に目を奪われるだけではなく、比叡山では「草むらの中には寺ばかりがあり、住職のいない寺もある」とか、坂本で「この辺りの道の脇には住職のいないつぶれ寺が多い」などと、現実の厳しさにも鋭く目を向けています。翌日は膳所、石山寺、瀬田唐橋、姥が餅屋、草津、石部、水口と歩を進めています。これらの各所の名物についても、単に注記するだけではなく、その売れ行きなど現実的な面に注意を払っています。大津絵は「今は売る家が少ない」、草津の姥が餅屋は「至って繁盛している」、草津石部の中間の梅ノ木村で販売されている和中散《わちゅうさん》については本家争いについての記述があります。一方、瀬田唐橋では擬宝珠《ぎぼし》の形を写生して、これが全部で二十四個あると細かいことまで目を付けて記述しています。

■近江商人の家で宿泊

水口からは東海道を行かず、横道にそれ、日野に至り、上州板鼻で活躍している近江商人野田金平の本宅に三日間も逗留しています。

近江商人のうち日野出身の商人は関東地方へ進出して醸造業を営んでいる者が多くいました。日野の野田村（日野町日田《ひだ》）出身の板鼻十一屋六左衛門と称した野田金平もその一人で、初代金平は宝暦三（一七五三）年に中山道沿いの板鼻で酒造店を開き、利潤を増大させ、宝暦一一（一七六一）年には郷里の野田村に邸宅を構えました。特に三代目金平の時代に至り、大いに業務を拡張し、酒と醤油の醸造を兼ね、各地に支店を設け、家運は年を追って隆盛に向かっていました。

金井忠兵衛が長崎旅行の帰途に立ち寄ったのは、この三代目金平の時代です。忠兵衛は到着

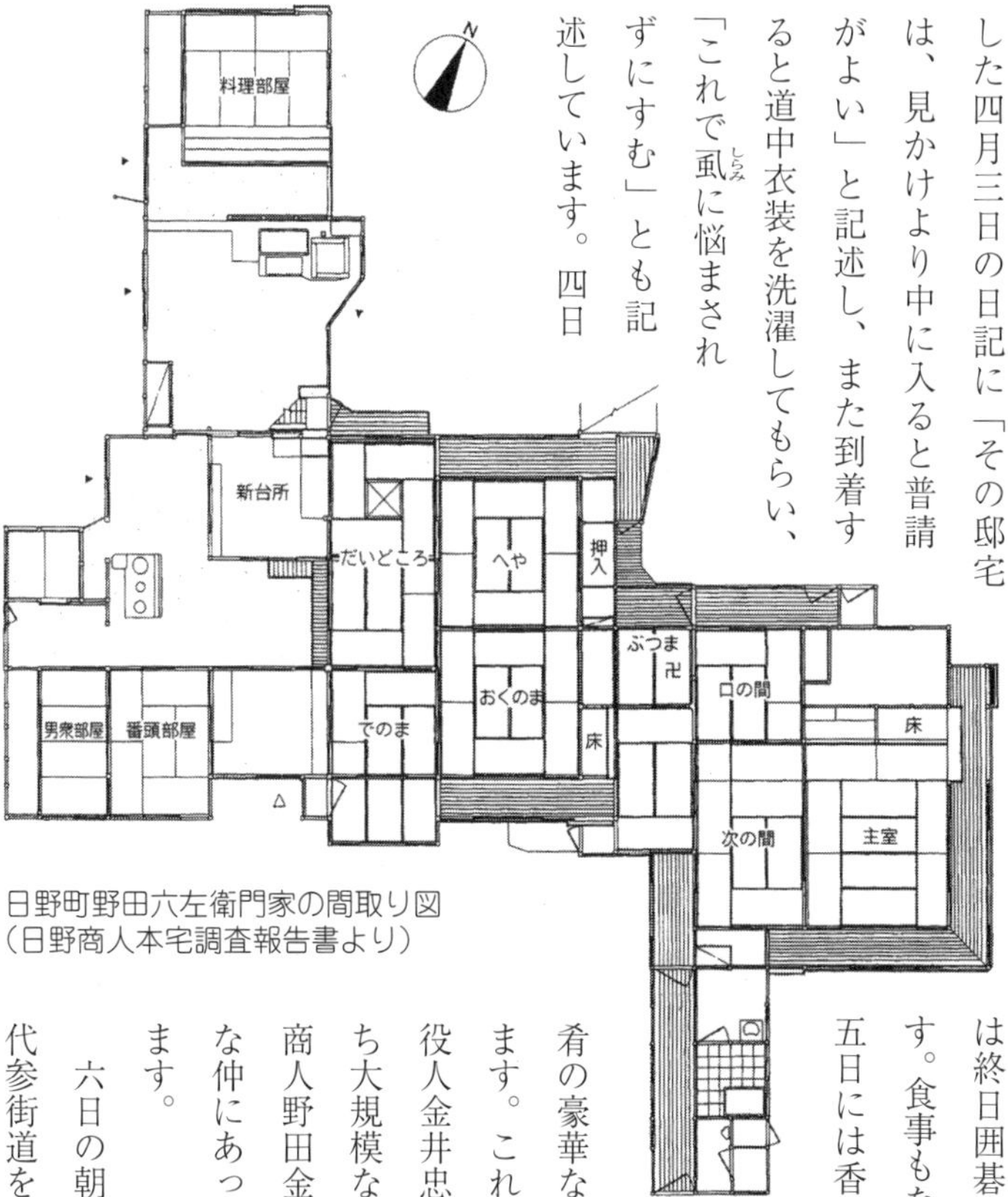

日野町野田六左衛門家の間取り図
（日野商人本宅調査報告書より）

した四月三日の日記に「その邸宅は、見かけより中に入ると普請がよい」と記述し、また到着すると道中衣装を洗濯してもらい、「これで虱《しらみ》に悩まされずにすむ」とも記述しています。四日は終日囲碁打ちで過ごしています。食事もなかなかごちそうで、五日には香を焚き、生け花で飾られた座敷で、親類、村役人、お寺の住職とともに酒肴の豪華なもてなしを受けています。これらのことから板鼻宿役人金井忠兵衛は当地に店を持ち大規模な商売をしていた近江商人野田金平と、以前から懇意な仲にあったことがうかがわれます。

　六日の朝、野田村を出発、御代参街道を進み、八日市を経て、中山道に出て、愛知川、高宮の各宿で休みながら鳥居本で宿泊しています。なお鳥居本宿の場合、忠兵衛が泊まった宿以外に、江州定宿として、泊まりの北銭屋、休みの坂本屋の名を挙げています。この江州定宿は草津宿から板鼻宿まで中山道のすべての宿駅に注記があり、多分近江商人の定宿として指定されていたものと思われます。

以後番場、醒井、柏原の各宿を経て美濃国に入り、中山道を通って、四月一五日に板鼻宿に到着しています。三月半に及ぶ大旅行でした。

鎌倉時代に歌で中山道を描写

『東関紀行』作者

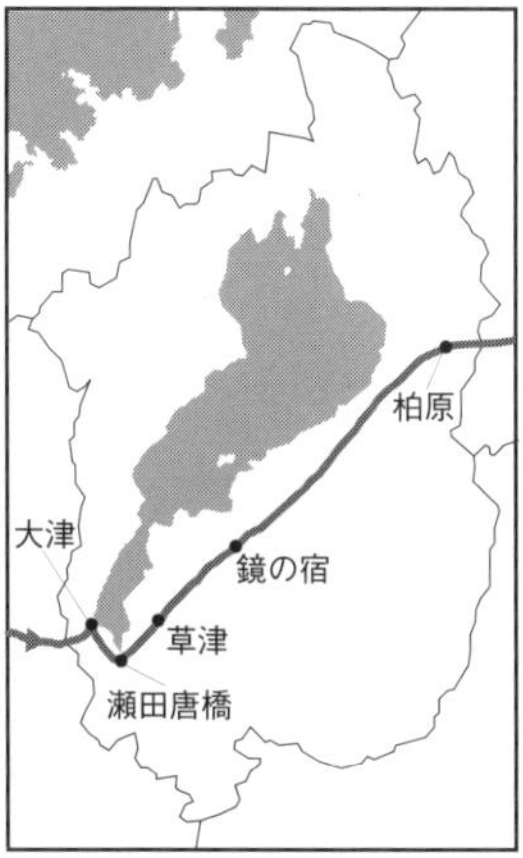

■作者も旅の目的も不明

鎌倉幕府が成立し、鎌倉が政治の中心地として整備されていくと、京都鎌倉間を往き来する人が増加し、それに伴い京都鎌倉間の旅日記がいくつか書かれました。『東関《とうかん》紀行』や『海道記』、『十六夜《いざよい》日記』はその代表的なものです。そのうちここでは『東関紀行』を取り上げます。この紀行文の作者については、はっきりしません。ただ、京の東山のふもとに閑居していた五十歳近い男性で、和漢の諸知識が非常に豊かで、社会的関心の強い人物であったことがその作品からうかがわれます。

■故事や和歌を紹介

彼は仁治三（一二四二）年八月一三日に京都を発ち、同二五日、鎌倉に到着しています。旅の目的もよくわかりませんが、当時は鎌倉幕府の安定期で、繁栄していた新興都市鎌倉を観察して、そこで新知識を吸収するのも一つの目的ではなかったかと思われます。

当時の知識人は旅に出ると、土地にまつわる故事や和歌を思い起こし、旅日記に引用し、その表現を豊かにするのが普通です。それにしても、この作者は自分の知識教養をひけらかしているのではないかとさえ思われるほど、故事や古歌を多く引用、紹介しています。

八月一三日の早朝、逢坂の関を越え近江へ入る際には、日本でも古来有名な中国の関所・函《かん》谷関《こくかん》にまつわる故事を引き合いに出しています。また逢坂の関近くに、昔、蝉丸《せみまる》という世捨て人が庵をつくって、和歌をつくり、琵琶や笛によって心を慰め暮らしていたことや、藤原道長の姉、東三条院が石山詣の帰途、関の清水で、自分の影が水に映るのもこれが最後になるだろうと悲しんだことを紹介しています。

琵琶湖岸に出て、打出浜・粟津の原（大津市）を通過する時に天智天皇の大津遷都と、その後の荒廃に思いを馳せ、瀬田唐橋を渡る時には、世のはかなさを湖上を行く舟の白波になぞらえた万葉歌人の満誓沙弥《まんぜいしゃみ》の歌を思い出し、しみじみとした感慨に浸っています。

■景観を具体的に記述

野路（草津市）は草の原で露に濡れていたこと、篠原（野洲市）には東西にわたって長い堤があり、その堤の北方には村人の家が見え、南の池の向こうには松が群生しており、その緑と波の青さが一つになって連なっていたことなど、付近の景観を写実的に描写しています。一方、その青さから唐の詩人、白楽天《はくらくてん》（白居易《はくきょい》）の詩にある「影南山を浸して青くして云々」という一節を思い起こしています。またこの篠原については「昔、京からの旅人はまずここで一泊していたが、今では通過してしまう人が多くて寂れている」と篠原宿の変化や当時の状況を伝える貴重な記述もあります。

鏡の宿（竜王町）では、

鏡山 いざ立ち寄りて 見て行かむ 年経ぬる身は 老いやしぬると

（年を経た我が身はどのように年取ったのかを、この鏡山に立ち寄り、その鏡にうつして見て行こう）

という有名な『古今和歌集』の歌を取り上げています。

■白楽天に思いをはせて

当日一三日は武佐寺（長光寺・近江八幡市長光寺町）の粗末な部屋で泊まっていますが、夜明けに寺の鐘の音を聞き、白楽天が遺愛寺の鐘を「枕をそばだてて」同じような気持ちで聞いたのではなかろうかとまた中国の故事に触れています。

老蘇森（安土町）は古来、有名な歌枕であり、筆者も

変はらじな わが元結いに 置く霜も 名にしおいその 森の下草

（私の髪が白髪になるのも老蘇の森の下草に白い霜が置くのと同じく、もうすぐだ）

と詠んでいます。

この旅日記の記述は老蘇森から醒井（米原市）に飛び、「名高い醒井では岩陰より流れ出している清水が澄みきっていて、その涼しさが身にしみるばかりで、まだ残暑のころなので、旅人は立ち寄って皆で涼んでいる」と当時の街道風景を具体的に描写しています。さらにまた西

老蘇森

行の詠んだ

道の辺の　清水流るる柳蔭

しばしとてこそ　立ちどまりつれ

という『新古今和歌集』の歌を思い出し、おそらく西行も醒井と同じような所で、立ち去りがたい思いからこの歌を詠んだのだろうと想像しています。

結局この日は次の柏原宿（米原市）まで足を延ばして泊まっています。

なぞが多い作者の東海道紀行

『海道記』作者

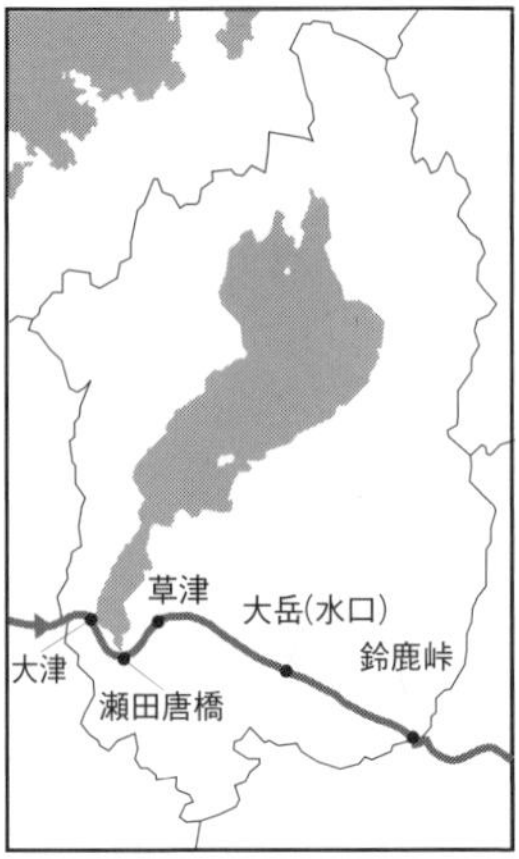

■出家した五十歳前後の男性の旅

鎌倉時代、京都と鎌倉間の通行はすでに紹介した『東関紀行』のように、近江の中山道筋を通り、不破《ふわ》の関を経て、尾張の熱田付近で東海道に入り鎌倉へ向かうルートを使うのが普通でした。ところが今回紹介する『海道記』は近江の東海道筋を経て鈴鹿峠を越え、伊勢路へ抜け鎌倉に向かうルートが取られています。

『海道記』の著者は鴨長明であるともいわれていましたがこれは誤りで、本文の記述からは、作者は五十歳前後の男性ですでに出家していたこと以外、詳しくはわかりません。貞応二（一二二三）年四月四日に京を発って十五日間で鎌倉に着き、しばらく鎌倉に滞在し帰京していますが、旅の目的もはっきりしません。ただ年老いた母親を一人京に残しての旅であり、それなりの理由があったと思われます。

■近江の農村風景を描写

第一日目、瀬田の橋を渡る時、早速老母を案じながら、次の一首を詠んでいます。「あふみ」は「逢う身」と「近江」の掛詞です。

思い置く 人にあふみの 契りあらば 今帰り来ん 勢多の長橋

（心に残る母に、また逢える身という契りがあるならば、また帰って来て近江の瀬田の橋を渡るだろう）

雨が降り路傍の雑草はひどく濡れ、田の中の細道が長く続き、旅人は互いに身を片寄せて通っていきます。村里を通る時、犬に吠えかかられ、雨もひどく降り続く中、沈んだ気持ちで近江路を進む様子が描写されています。

更に、はるかに歩を進めてゆくと農作業をする村人や農家の様子に目が留まり、次のように記述しています。

「農夫たちが立ち並んで、歌を歌いながら荒田を耕している。その声はさながら雁が鳴きながら渡るようである」

「農婦が集まって、家の前の田で食料にする芹《せり》を摘んでいる。思いのほか、雫で袖が濡れている」

「農家の外を流れる小川には、岸の柳が風に吹き立ち、竹の編戸のついた垣根には卯の花が咲き、山時鳥《ほととぎす》の鳴き声が聞こえる」

当時の近江の農村の一コマです。都会暮らしの作者には旅で見る沿道の農村の生活が新鮮に感じられたのでしょう。

まもなく三上山を眺めて、野洲川を渡ります。その時の一首。

いかにして　澄むやす川の　水ならむ　世渡るばかり　苦しきやある

（野洲川の水はどのようにしてこんなに澄んでいるのだろう、濁りの多い世の中を渡るのはこんなに苦しいのに）

野洲川の流れと三上山

■鈴鹿峠に山賊が出没

本文では次に「若榾という所を過ぎて横田山を通る」と記述されていますが「若榾」はどこか不詳です。「横田山」も横田川（野洲川の上流）に沿った山ではないかと思われます。この山について「白楡（はくゆ）ノ景（かげ）ニ露（あらわれ）テ緑林ノ人ヲシキル処」と記述されています。『海道記』は難解とよくいわれますが、難しい漢語が多いからです。これもその一例で、中国の故事に基づき「白楡」は星、「緑林」は盗賊を表し「星の光の陰から盗賊が現れて旅人の通行を遮る」というような意味です。古来この辺りから鈴鹿峠にかけては山賊の危険がよく話題になる所です。

この日は「大岳《おおおか》」という所で泊まっています。そして「自分は数年来、心に悟るところがあって髪をおろし、出家の身であるので、いつしかこのような旅寝をするようになった」と記しています。

■「鴨長明発心所」の碑は誤読から

ところで、大岳は水口の大岡山付近だと思われます。水口には大岡寺《だいこう》があり、門前から百メートルほど手前に「鴨長明発心所《ほっしん》」の碑が立っていて、鴨長明が当寺で一泊し無常観を起こし出家したと伝えられていました。

これは『海道記』の著者が鴨長明であるという説に基づき、しかも『海道記』の「髪をおろし」の語句の誤読から生まれた説ではないかと思います。『東海道名所図会』の著者も、鴨長明が『海道記』の著者ではないことを論証し、大岡寺門前に鴨長明旧跡を示す碑があることの不合理を指摘しています。

このあと作者は鈴鹿峠を越え伊勢へ向かいますが、この峠の険しさについて千丈の屏風を立てたようだと表現しています。

老蘇森に三十路の姿を映す

二条良基

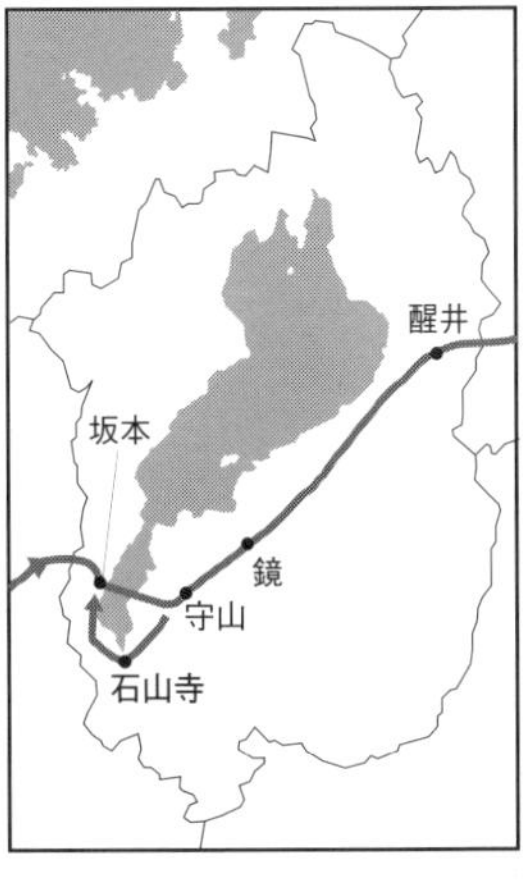

■南北朝時代、北朝の公家の日記

後醍醐天皇の「建武の新政」が失敗し、延元元（建武三＝一三三六）年足利尊氏が京都に光明天皇を擁立し北朝を立て、後醍醐天皇は吉野へ移り南朝を開き、南北朝時代が始まります。北朝を支える室町幕府が弱体であったこともあり、南朝方は、四度にわたり京都に攻め入り勢力を回復しようとはかりますが結局失敗。その二回目、文和二（正平八＝一三五三）年六月、南朝軍が京都に突入し、当時の北朝の後光厳《ごこうごん》天皇は美濃の小島《おじま》に避難します。小島は室町幕府方の有力武将土岐頼康《ときよりやす》の領地でした。

ところで、今回紹介する『小島のくちずさみ』の著者、二条良基《よしもと》は連歌師として有名ですが、彼は当時は北朝方の有力公家でした。南朝軍入京後しばらく、瘧病《わらわやみ》（おこり、マラリアの一種）と称して京都小倉山荘に籠っていましたが、約一月遅れて七月二〇日に病を押して、小島の行宮に向かって出発。しばらく美濃に滞在して後光厳天皇に奉仕し、まもなく幕府軍が京都を回復したので、九月に天皇を奉じて帰京します。二条良基がこの間の様子を記録したのが『小島のくちずさみ』で、道中の古来有名な地名（歌枕）には必ず触れて「源氏物語ばりの優雅」な名文でつづられています。

■鬱々とした気持ちで美濃へ

京都の小倉山荘を出発した二条良基一行は、まず坂本に向かい比叡山の法師の歓待をうけて一泊。次の日は「おこり」の発熱のため静養し、その翌日坂本から琵琶湖を舟で守山に渡っています。船酔いのためか、琵琶湖のきれいな景色も何のその、守山に着いた時には、苦しげに「名前は有名だが、何も見るべき物はない」と述べています。それでも紀貫之の有名な、

白露も　時雨もいたく　もる山は
下葉残らず　色づきにけり
(白露も時雨もひどく漏れる、その漏れるという名の守山〈もるやま〉の下葉までが残らず色づいてしまった)
という歌をふまえて、
もる山の　下草はいまだ　色づかで
うきにしぐるる　袖ぞ露けき
(露で漏れると詠まれた守山の木々の下葉はまだ色づかないが、つらさに涙を流す私の袖が露に濡れたように湿っている)
と、鬱々とした気持ちを詠んでいます。

この後、野洲川、篠原、鏡山、老蘇森、犬上郡の鳥籠《とこ》山・不知哉《いさや》川、小野、醒井等を通過して美濃に向かいますが、それぞれの所で

老蘇森の奥石《おいそ》神社(安土町)

古歌をふまえた歌を詠んだり、故事を思い出したりしています。

その中、老蘇森では杉の木が茂って情趣深く見えたので、この辺りのことをよく知っていそうな年配の尼に「この森の名は何というのか」と尋ねたところ、「これは昔からの名所で、この尼の年の名です」と答えるのを聞き、田舎人の中にも情緒をわきまえた人がいるものだとしみじみと感じて、

今はこの　老その森ぞよそならぬ　三十《みそじ》あまりも　すぎの下かげ

（今はこの老蘇の森もよそごととは思われない。三十歳も過ぎ、杉の下陰のような失意の私にとっては）

という一首を詠んでいます。二条良基は当時三十四歳でした。

■盛大な行列で京へ

帰途は足利尊氏や義詮らに守られての後光厳天皇の還幸であり、沿道は見物する庶民で道も狭く感じられたということです。九月一七日出発、二一日入京と考えられます。二条良基の記述によりますと、近江での行程は、大覚寺（所在地不明、彦根市小野町にあった大覚寺か？）、

敏満寺《びんまん》（多賀町敏満寺）、武佐寺（近江八幡市長光寺町）、そして石山寺に休泊し、京よりの出迎えの者を含めて盛大な行列で入京したと記されています。特に石山寺では本堂前に御座所を設け、近くの琵琶湖の景色が誠に美しく、当寺本尊の観音様の御利益により、この度の行幸にはひときわ光が加えられ、目出度いと喜んでいます。前途不安な往路の旅と比べて今度の還幸は言いようもなく結構なことで、帝の御運は強く、将来も誠に頼もしいと述べています。

しかし、翌年の文和三（正平九＝一三五四）年、並びに康安元（正平一六＝一三六一）年にも南朝軍が入京してきて戦いとなり、後光厳天皇は近江の武佐寺に避難しています。このように南北朝の動乱はなかなか治まりません。そして近江もその戦場になっていたのです。

一方、二条良基は小島から帰京後も、北朝の摂政関白などを務め、北朝のために力を尽くし、一方では准勅撰連歌集『菟玖波集《つくば》』の編纂や連歌の規則「応安新式」を作るなど文化面でも活躍し、南北朝合一の四年前、嘉慶二（元中五＝一三八八）年に没しています。

摺針峠で西行を揶揄する一首

一条兼良

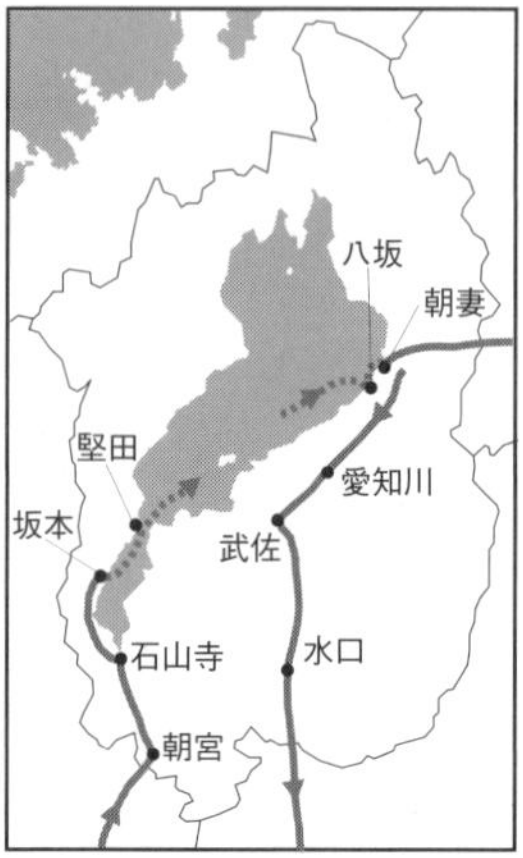

■奈良から美濃へ往復記

応仁元（一四六七）年に始まった応仁の乱は、京都在住の公家たちの生活を根底から揺るがしました。経済的基盤であった荘園は略奪され、邸宅は戦火に焼かれ、多くの公家は「つて」を頼って近国に疎開しました。近江に難を避けた者も多くいました。当時、最高位の公卿貴族で第一級の学者として名をなしていた一条兼良《かねよし》も六十七歳の時、奈良に移りました。奈良の興福寺大乗院門跡であった息子の尋尊《じんそん》を頼っての疎開でした。

当時、一条兼良の生活を支えたパトロンの一人に美濃国の守護代斎藤妙椿《みょうちん》がいました。彼は美濃の守護土岐氏を凌ぐ勢いの新興武士で、文化面にも理解がありました。兼良はこの斎藤妙椿の招きで、文明五（一四七三）年に美濃へ旅立ちます。妙椿の今までの援助に対する感謝と、今後の支援を願うための旅であったと思われます。また当時美濃に移っていた夫人はじめ家族に会うのもこの旅の目的の一つであったようです。

五月二日に奈良を発ち、美濃では妙椿の歓待を受け、その居城を訪ねたりしていましたが、応仁の乱の東軍の大将細川勝元が死去したニュースを聞いて急きょ帰途につき、同二八日に奈良に帰着しています。この間の旅日記が『藤河の記』です。古歌に多く詠まれている近江から美濃へ流れる藤川を渡る旅であったことから、後世この名が付けられたといわれています。

■盗賊避け湖上航路で

この旅の特徴の第一は、そのコースです。奈良から山城の加茂を経て、近江の甲賀に入っています。五月二日は朝宮《あさみや》（甲賀市信楽）で一泊し、翌三日には、当時、木こりや草刈る人しか通らないような間道沿いの野尻《のじり》（甲賀市信楽の宮尻）、とひかは（大津市大石富川町《おおいしとみかわ》）、鞍骨《くらぼね》

（大津市大石東町）を経て石山寺に詣で、坂本で泊まっています。この間、大津の打出浜の辺りには関所がありました。地方の土豪が私的な関所を勝手に設けていた戦乱の世の様子がうかがわれます。四日は坂本から舟で堅田を経て琵琶湖を横断して、夜十時ころに八坂《はっさか》（彦根市八坂町）に着き、休息の後夜船で五日の朝、朝妻港《あさづま》（米原市朝妻筑摩《ちくま》）に上陸しています。このように湖上航路を利用したのは、当時、近江の沿道にも乱世に乗じて盗賊が出没しており、これを避けるためではなかったかと思われます。

■醒井清水の俗説の元は『藤河の記』

以後は陸路で醒井、柏原を経て美濃へ向かっています。醒井では岩根より湧き出る清水を描写した後に、この清水は「養老の滝に続きたり」と述べています。これは「そのすばらしさは養老の滝に次いでいる」といった意味だと思います。ところで「醒井の清水は養老の滝よりくぐって湧出している」という説が『淡海《おうみ》温故録』等に見られますが、上記「続きたり」の文言の解釈違いから生まれた俗説ではないかと考えます。私の知る限りでは、醒井の清水と養老の滝を結びつけた記述は『藤河の記』が最も古く、この俗説の起こりは『藤河の記』ではないかと思います。

■見られない「旅の哀れ」

この旅日記の第二の特徴は、当時の伝統的な旅日記によく見られる旅はつらいものといった暗いイメージがなく、むしろユーモアが見られることです。帰途、摺針峠では松の木の下に西行法師の塚があると聞き、西行が、

願はくは 花のもとにて 春死なん
その如月《きさらぎ》の 望月のころ

と詠んでいるのを思い出して、

如何にして 松の陰には 宿るらん
花のもととか 言ひし言《こと》の葉

（なぜ松の木陰に葬られているのだろう、花の

摺針峠から遠くに望む琵琶湖

もとと詠んでいるくせに）

という一首を詠んでいます。他にも、従前の旅日記と同様に各名所（歌枕）では多くの歌を詠んでいますが、ほとんどの歌に「旅の哀れ」が表現されていません。愛知川を渡る時には世の哀れを知らない自分の袖が濡れたのは涙ではなく、川の水のせいだと言いたげな歌を詠んでいます。

帰途の経路は、番場（馬場）、摺針峠、小野、四十九院、高宮、愛知川、老蘇森、武佐と当時の多くの旅人が用いたルート（中世近江の東海道）を通り、そこから、東山道をはずれて、水口へ向かい、伊賀国へ抜け、奈良に帰っています。

それにしても、この旅は、戦乱の中、賊難を避けながら、宿泊施設も整っていない間道を多く用いた厳しい旅であったはずです。しかも兼良は当時七十二歳の高齢でした。でも、彼はこの旅日記で見る限り、悲観的になることなく前向きな姿勢を持ち続けています。その後、七十六歳で疎開先の奈良から京都に帰ってからも、亡くなる八十歳まで、特に文化面で活発な活動をしています。よほど強靭な精神の持ち主であったと思われます。

②巡礼の悲喜に彩られた近江路

東北から九州まで列島縦断

佐藤長右衛門

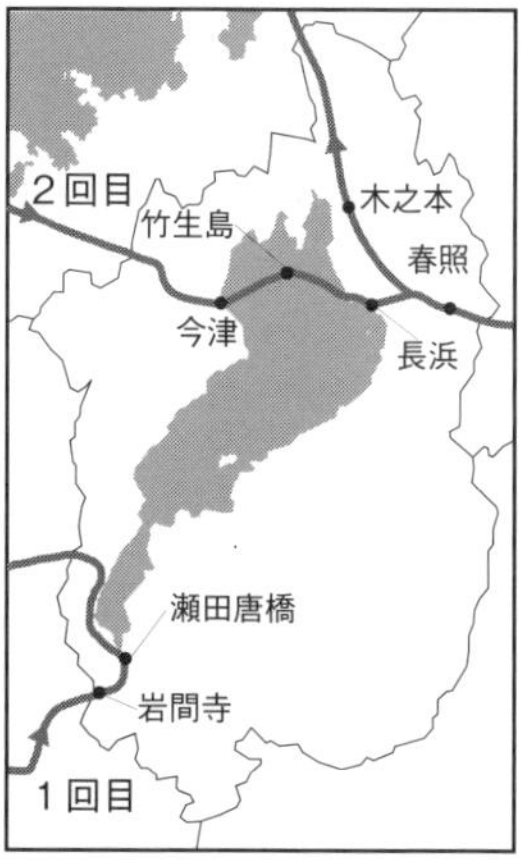

■日本一周の大旅行をした男

江戸時代中ごろ、出羽国の造山《つくりやま》村（秋田県横手市）に佐藤長右衛門という豪農がいました。彼は天明八（一七八八）年に全行程二百十一日間の大旅行を実施しています。

三月四日に村を発ち、関東、東海の各地を回り五月の中ごろ、伊勢参りをすませ、高野山、大坂、奈良等関西各地を巡り、四国の琴平や安芸《あき》の厳島、さらには九州へ渡り、七月末に長崎を見学した後、帰路につき、山陰路、北陸路を通って、一〇月八日に帰着しています。まさに日本一周の大旅行で、今日でいえば世界一周旅行に相当します。さすがの佐藤家でも「このころ、資産が少し傾いた」という言い伝えがあり、相当の費用を使ったことがうかがわれます（『佐藤長右衛門天明八年道中記』による）。

この大旅行で、長右衛門は近江に二回足を踏み入れています。第一回目は奈良から、宇治を経て、いわゆる醍醐越えで六月九日に近江に入っています。

近江では、まず西国三十三箇所霊場のうち、十二番霊場の岩間《いわま》寺、次いで十三番霊場石山寺に参詣、そして瀬田唐橋を渡って、膳所の城を目にし、それぞれの場所で、その景色の良さに感激し、その『道中記』に計三回も「無双の景」（並ぶ物がないほどの良い景色）と記述しています。

同日は大津で泊まり、翌日は粟津・打出浜を経て十四番霊場三井寺（園城寺）に参詣し、次いで唐崎の松を見物。三井寺・唐崎の両所でもまた「無双の景」という言葉を使っています。これは他の土地ではあまりないことで、近江における「無双の景」の連発は近江、特に琵琶湖の美しさに、殊のほか感激したのであろうと思います。それより東坂本、比叡山を経て、同日中に雲母《きらら》越えで京都へ出ています。

長右衛門が二回目に近江へ入ったのは九月一日。山陰の宮津、小浜を経て今津で一泊。翌日は舟で竹生島に渡り、西国三十三箇所霊場のうち三十番霊場の宝厳寺《ほうごん》に参詣。ここでもまた「言語では書き表せない良い景色」と感激の言葉を書き記しています。

■宿場町「春照」の読みに関心

それから、湖上二里半で八木浜の湊に上陸し、当日は長浜に至り宿をとっています。長浜では、町の様子について、「良い町」と記述しています。それより西国三十三箇所霊場の最後、第三十三番霊場の谷汲山華厳寺《たにぐみさんけごん》（岐阜県揖斐郡）に向かうため、長浜から半里歩いて宮川（長浜市宮司町《みやし》）へ出て、観音坂を越えて、観音寺村（米原市朝日）に至っています。このコースは、多くの西国三十三

長浜市札の辻の道標

箇所霊場巡りの巡礼者たちが通った道筋で、現在でも「谷汲道」と呼ばれ、沿道に「たにくみ」（「谷汲」）を指し示す道標が多く残っています。例えば長浜の北国街道と「谷汲道」の分岐点である札の辻には「右　たにくみ道」等と記された道標が現存しています。

観音坂を越えた後の道筋は少々はっきりしませんが、中山道沿いの近江美濃両国の境界にある旧跡寝物語の里を見物したあと、美濃路を進み九月四日に谷汲山華厳寺に参詣しています。

そのあとは美濃の関ヶ原宿から、北国脇往還へ入り、近江の藤川、春照、小谷の各宿を通って九月五日に木之本宿で一泊。この間の『道中記』には「春照《すいじょう》」の読み方が珍しかったものとみえ、わざわざ「スイチョ　トヨム也」と注記されています。旅人の耳には「スイジョウ」が「スイッチョ」と聞こえたのでしょう。また木之本では木之本地蔵の大伽藍に足を止め、名物の桑酒を口にしています。

翌日九月六日には北国街道の柳ヶ瀬、椿井（椿坂）、中河内の各宿を経て栃ノ木峠を越えて北陸路を急ぎ、やっと一〇月八日に自宅に戻っています。

各地の宿泊費を克明に記録

常陸の農民一行

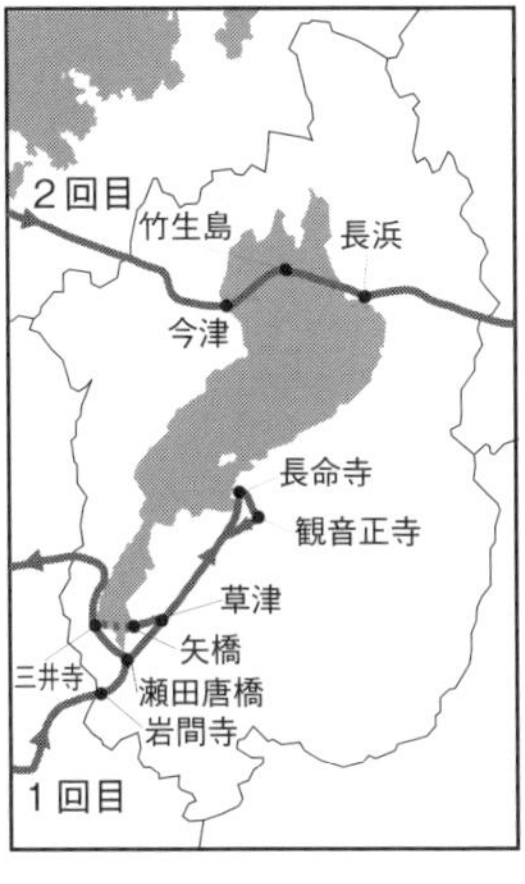

■石山よりの逆打ち

近江国には、西国三十三箇所の観音霊場として十二番岩間寺、十三番石山寺、十四番三井寺（いずれも大津市）と三十番宝厳寺（竹生島・長浜市）、三十一番長命寺（近江八幡市）、三十二番観音正《かんのんしょう》寺（安土町）の六寺があります。

このうち三十番宝厳寺から三十一番長命寺までは琵琶湖上十里もある長い船旅でした。庶民は農閑期の二・三月ごろ（旧暦）を中心に巡礼することが多く、この時期は琵琶湖では「比良下ろし」「比良八荒」などの名で有名な強い北西風が吹く時期で、十里もの湖上の船旅は非常に危険で、事故も多かったようです。宝暦五（一七五五）年三月には、七十二人の犠牲者を出すという大惨事が起きています（131ページ参照）。

このため、江戸時代後半期の巡礼は十三番石山寺の次に、三十一番長命寺と三十二番観音正寺を先に参詣し、次いで十四番三井寺から各国の霊場を巡拝礼し、若狭から近江へ入り今津港等から湖上三里を三十番宝厳寺に渡り、さらに湖上四里を経て湖北の長浜港等に上陸し、それより最後の霊場三十三番札所の谷汲山華厳寺（美濃国）に向かうコースが多く使われるようになりました。これを「石山よりの逆打《さかう》ち」といいます。

■大晦日に伊勢参宮

ここでは、このコースをたどった常陸の農民の伊勢西国霊場の旅をその旅日記『道中泊休覚之帳』により紹介します。

文政七（一八二四）年一二月一〇日に常陸（茨城県常総市）を出立し、一行（氏名等不明）は箱根を越え、東海道を進み、大晦日に伊勢参宮をし、各霊場を巡り、一月二四日に宇治より近江に入り岩間寺、石山寺に参詣納札し、当日は石山寺の門前の山形屋で泊まります。宿賃は弁当付きで百三十二文。

翌二五日は瀬田唐橋を渡り、東海道、中山道を経て、守山経由で、夕方長命寺に着き参拝、雪の降る寒い日でした。長命寺のふもとで泊まります。宿賃百二十四文。

二六日は観音正寺に参拝し守山へ戻りそれより草津へ出て一泊。宿賃百二十四文。二七日は姥が餅屋のところから矢橋街道に入り、舟銭一人四十八文で矢橋の渡しを大津へ渡り、三井寺に参拝し、唐崎を経て、坂本では山王大権現に参拝し、それより比叡山に登り根本中堂に参詣し、八瀬《やせ》へ下り、鞍馬で泊まっています。宿賃百五十文。

京都では宿賃一泊百六十四文で三日間逗留し、案内を頼み嵐山などを見物しています。それより各地の霊場を巡り、金比羅さんまで足を延ばし、引き返して、二月一八日に若狭から近江に入っています。若狭近江国境にある山中の関所では、手形な

三十一番霊場長命寺

しで通過しています。九里半街道を進み今津で一泊。宿賃百五十五文。今津より湖上三里を舟で竹生島へ渡り、宝厳寺に参拝し、竹生島の鳥居下にある茶屋で、七十人ほどが雑魚寝をしたようです。宿賃百十文。

翌日は弁財天が開帳され二股の竹など種々の宝物を拝観したあと、湖上四里を経て長浜へ到着しています。長浜からは最後の霊場三十三番谷汲山華厳寺に通じる、いわゆる「谷汲道」に入り、途中観音坂を越え、歩みを進めて、美濃国の関ヶ原に出て、ここで一泊しています。宿賃は百三十一文。

■宿賃を克明に記録

旅日記『道中泊休覚之帳』には宿泊の宿賃が克明に記載されています。全体を通して見ると百三十文前後が多いのですが、その中にあって箱根湯本の二百文、江戸馬喰町の百八十文、京都六角堂の百七十文は例外的に高い方です。

いずれにしろ当時の普通の旅籠屋の宿賃が約二百文であるのと比較すると、巡礼の宿賃は木《き》賃《ちん》宿的で安かったことがわかります。

農閑期の三十三箇所巡りの旅

遠州の農民一行

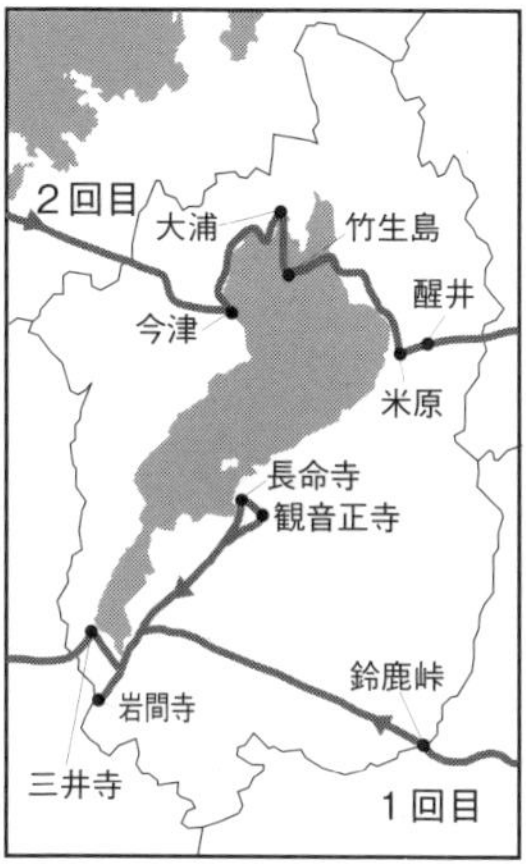

■六十日かけて霊場巡り

江戸時代以降、庶民の間で各地で盛んに行われるようになった西国三十三箇所観音霊場巡り。その一例として、遠州舞阪宿の農民七人の一行が享和元（一八〇一）年に、六十日かけて霊場巡りをした際の旅日記『享和元年西国巡礼旅日記』をもとに、彼らの近江における足取りをたどってみましょう。

彼ら一行は寛政一三（二月五日に享和と改元、一八〇一）年正月末日に東海道舞阪宿を出立し、二月二九日に十二番霊場岩間寺、十三番石山寺に参拝しています。この間、琵琶湖の美しさや、「遠眼鏡」で見た瀬田唐橋が印象深かったとみえ、「見事」とわざわざ注記しています。それより膳所から東海道の草津宿を経て、中山道へ入り守山宿を通り、野洲川を橋銭八文で渡り、野洲・武佐両宿の間の、当時正規の宿駅でない鏡宿で安く泊まっています。

翌三月一日は、観音寺山を登り三十二番観音正寺に参拝、それより当時港であった常楽寺村（安土町）へ出て、ここから長命寺へ二里半、二十人乗りの舟で、八幡堀や葦の繁る水郷の船旅を楽しんでいます。長命寺参拝後、長命寺道を八幡へ出る陸路もありますが、長命寺港より内湖づたいに舟で、朝鮮人街道沿いの江頭《えがしら》港の近く田中江《たなかえ》村まで五十丁間を、酒を飲みながら船旅を楽しんでいます。それより守山を経て草津へ出て、宿駅のはずれの木賃宿に泊まっています。

三月二日には草津より大津へ向かい十四番霊場の三井寺に参詣しています。

ところで『西国巡礼旅日記』には後に旅する人のための注記が各所にありますが、ここでも、大津で泊まる場合には旅籠町を避けた方がよい、三井寺の門前で泊まるようにと宿賃の安い方を勧めています。

十四番三井寺の次は、山城国へ出て巡礼を続けます。

■強風で舟出せず

この遠州舞阪の一行が再び近江へ入るのは三月二二日のことです。舞鶴の二十九番松尾寺から次の三十番竹生島宝厳寺へ向かうため、この日琵琶湖岸の今津へ到着しています。本来なら三十一番長命寺、三十二番観音正寺は、三十番竹生島の次に参拝すべきところ、竹生島から次の長命寺間の湖上十里は遭難の危険があり、これを回避するために、舞阪宿の一行も十三番石山寺の次に長命寺と観音正寺を先回りして巡拝。これは「石山よりの逆打ち」と称して、当時普通に使われていたコースでした。

今津付近から見た竹生島

竹生島は、西国三十三箇所の霊場中、唯一舟を利用しなければならない所であり、今津からは三里、長命寺へは十里、また長浜へは四里といずれも船旅が必要でした。しかも巡礼は農閑期の旧暦の二月から三月に行われることが多いのですが、このころの琵琶湖は「比良下ろし」などと呼ばれる強風がよく吹き荒れて、いずれのコースも遭難の危険性がありました。

今津に到着した一行は、竹生島へ渡るべく、当日昼ごろ、七十人程度が乗れる大型の舟に乗り込みました。ところが湖上を二里ほど進んだところで、強風のため舟が引き返し、船頭と喧嘩になり、行きつ戻りつして結局、今津で一泊。翌二三日も風のため、今津からは竹生島行きの舟が出ないために、海津経由で、難路を大浦まで歩き、やっと竹生島に渡っています。

竹生島参詣を終えた遠州舞阪の一行は、尾上《おのえ》と早崎の中間、延勝寺《えんしょうじ》村（湖北町）に着船し、それより北国街道の速水村（湖北町）に出て、ここで一泊しています。

■琵琶湖水運を使って

三月二四日は速水を発って長浜に向かうのですが、この間、馬渡《もうたり》川（高時川）と姉川がありまず。馬渡川は当日は水かさが比較的多く舟渡賃が十九文、姉川には橋があり橋銭一文、姉川は長いのに「安い」と喜んでいます。

長浜からはいわゆる「谷汲道」を経て直接に美濃国の関ヶ原、そして谷汲山華厳寺へ向かうのが近道ですが、一行は米原へ向かい、巡礼を身軽にするために京都から琵琶湖水運を使って送り届けておいた荷物を米原の船宿で受け取り、中山道の番場宿へ出て、醒井宿、柏原宿を経て、美濃国に入り関ヶ原から谷汲へ向かっています。「石山よりの逆打ち」の場合は、荷物を米原でなく長浜へ送っておいた方が便利なのに、わざわざ米原へ送り届けているのはなぜでしょうか。聖地巡礼に詳しい田中智彦氏は、京都の巡礼宿と米原の廻船業者が巡礼荷物の運送について連携していたのではないかと指摘しておられます。

熟年夫婦の善光寺参り

木村武兵衛・富

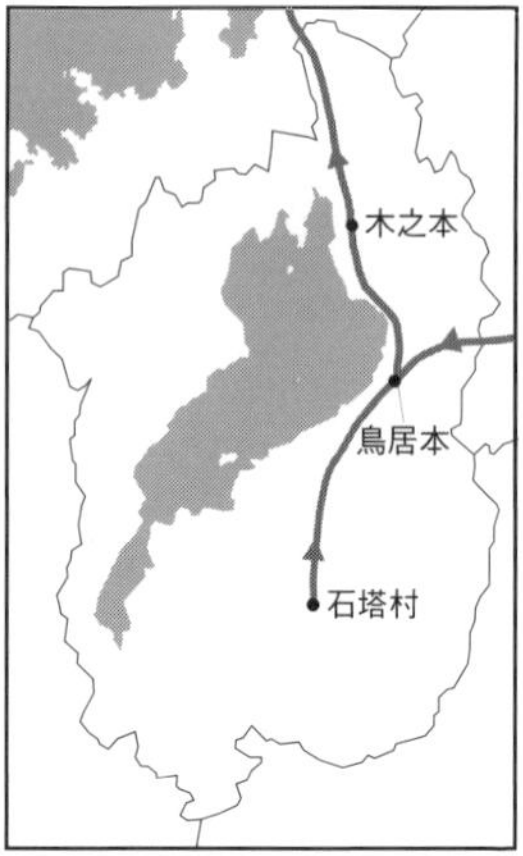

■北陸回りで善光寺へ

善光寺参りは、伊勢参りと共に当時の庶民が一生に一度は出かけたいと願った社寺参詣の旅です。湖東地方石塔村（東近江市石塔）の木村武兵衛・富《とみ》夫妻は同行者一人と計三人で、慶応二（一八六六）年の四月一日に村を出発し、北陸回りで、善光寺に向かいました。この時、夫の武兵衛が四十六歳、妻の富が四十歳。当時の平均寿命からみると、多分子供に代を譲り、隠居して旅に出たのではないかと思われます。残っている旅日記『北国海道善光寺道中記』、『善光寺参り覚』（木村たき家文書）によりその足取りをたどってみましょう。

■まず彦根で一泊

まず、彦根まで歩き、その日は彦根橋本町の油屋作兵衛宅に一泊しています。彦根からは佐和山の峠を越えて中山道の鳥居本宿に出ています。鳥居本宿からは北国街道に入り、米原を経て長浜に至ります。

長浜では、長浜御坊大通寺と長浜八幡宮へ参詣しています。また昼食をとり三人で金一朱百二十四文を支払っています。

長浜を出て三川《みかわ》（虎姫町）の玉泉寺に参詣しています。ここは天台宗の高僧良源が誕生した寺で、当時「元三《がんざん》大師御誕生所」として、参詣者が多くありました。

この日、四月二日は速水（湖北町）の若狭屋で宿泊し、旅籠代として三人で一歩一朱と二百文支払っています。速水は宿場ではありませんでしたが、幕末の当時、商店も多く長浜・木之本間の「間《あい》の宿」として巡礼者などの旅人の宿泊にも応じていたものと思われます。

また速水では金二歩を銭三貫五百文と両替しています。この率で計算すると金一歩は銭一貫七百五十文、金一朱は四百三十七文余にあたります。先の速水での宿泊代の三人で一歩一朱と二百文は、銭に換算して二貫三百八十七文にあたり、一人あたり七百九十五文余となります。江戸時代中期の旅籠代がおおよそ一人二百文であったのと比較すると、幕末慶応年間の物価騰貴は相当に激しかったことがわかります。

翌三日は中河内まで歩いていますが、その間木之本宿では、有名な木之本地蔵に参詣し、名物の桑酒を一合百八十文で買い求めています。また木之本の次の中之郷では餅を食べ、三人で二百二十四文支払っています。

■関所を通らず抜け道

中之郷を過ぎると、小谷《おおたに》を経て柳ヶ瀬に至りますが、ここは椿坂と共に木之本宿と中河内宿の間の「間の宿」で、木之本から二里半、椿井坂へ一里の位置にあります。また刀根越えで敦賀に通じる街道の分岐点になっており、彦根藩が支配する関所が置かれていました。

ところが、武兵衛一行は、この関所を通らずに、小谷より抜け道をしています。彼らの旅日記には、「ぬけ道する事」「金一朱小谷より　関所ぬけ道送り」などの記載があり、当時金一朱

余呉町柳ヶ瀬の集落の中央にある関所跡を示す碑

を支払えば、抜け道の案内をうけることができたようです。江戸幕府も崩壊寸前の慶応年間には、関所の警備も相当に有名無実化し、関所の煩わしさを避けるために、抜け道することがほぼ公然と行われていたことがうかがわれます。

柳ヶ瀬の次が椿坂、ここで昼食をとり、急な坂を登ると椿坂峠です。峠の茶屋があり、よごみ(よもぎ)餅が売られていました。これより、なだらかな道を約四キロ進むと中河内宿です。ここで一泊。その宿賃は一貫九百二十四文でした。ほかに茶代百七十文、あんま賃百五十文を支払っています。ちなみに、当時の米価は一升四百文〜六百文程度でした。

■栃ノ木峠で一服

四月四日、中河内宿を発ち、約一里進み近江と越前の国境の栃ノ木峠に至ります。ここには立派な峠の茶屋があり、参勤交代の大名も足を止めました。武兵衛一行もここで休憩し、茶を飲み、名物の餅を食べ、太閤秀吉より拝領と伝えられる「四斗二升」入りの大きな釜を見物しています。

武兵衛一行はこの後、吉崎御坊に参詣したり、山中温泉に三日間逗留したりしながら、四月二〇日に善光寺に到着し、二二日まで逗留しています。帰途は名古屋経由で、熱田神宮に参拝したり、養老の滝を見物したりして、五月一〇日に帰着しています。合計四十日の長旅でした。旅行費用として夫婦二人で約二十両を使っています。そのうち、土産物代金が約四両を占めています。

巡礼者の湖上水難事故

福堂事件

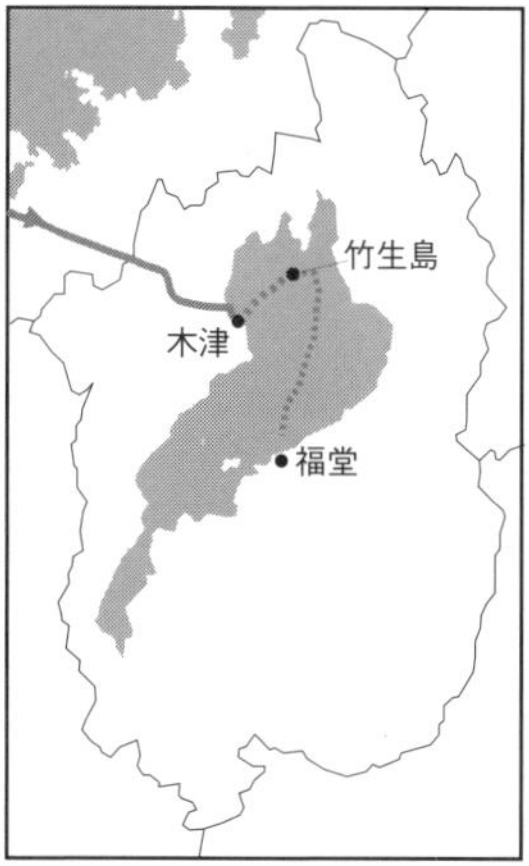

■約十里の危険な船旅

東近江市の福堂（旧能登川町）の集落のはずれ、田んぼの中に木立に囲まれて「南無阿弥陀仏」と大書した供養塔が立っています。福堂沖で乗船が難破し死亡した西国霊場巡りの巡礼者の慰霊のために建てられたものです。

宝暦五（一七五五）年三月、西国三十三箇所の各観音霊場を巡り、二十九番霊場の松尾寺（現舞鶴市）の参詣を終えた巡礼者は、山中の関を越えて近江に入り、いわゆる九里半街道を通って琵琶湖岸の木津港《こうつ》（旧新旭町）に出て、舟に乗って竹生島に渡り三十番霊場宝厳寺に参詣しています。木津港と今津港の間では竹生島へ渡る巡礼者の争奪が行われていたようですが、この巡礼者たちは木津の港を選んだようです。

以後巡礼者の遭難の模様については、『近江八幡の歴史』第一巻所収の野田屋長兵衛家文書によって略述します。

■女性の方が多い遭難者

竹生島で無事参詣を終えた巡礼者は、三月一七日夜、次の三十一番長命寺へ向けて船出しました。竹生島・長命寺のルートは約十里（約四十キロ）と長く、比良山系によって風向きが急変するため、危険な船旅とされていました。

舟が福堂沖を通りかかった夜八時ごろ、にわかに北からの強風が吹き下ろし、舟の舵が折れてしまいました。福堂の人々は「ワッ」という声を二度も聞いていますが、風が荒くどうすることもできません。舟は難破し乗客・船頭、ひとり残らず溺死し、その遺体が福堂の湖岸に打ち上げられました。

福堂村の人々はこの遺体を収容し、手厚く葬り、一年後に石塔を建て供養しました。それが現在でも残っている供養塔です。

現在供養塔が立っている場所は干拓が進み、広い田んぼの中ですが、当時は入り江になった湖岸に面していたと思われます。

木津港の村役人や舟役人が報告した野田屋文書によりますと、遭難者の出身国別内訳について、次のように記されています。

出身国が判明している男女の人数を合計すると、男性が二十五人、女性が三十二人で女性の多いことは注目に値します。

▽播州（兵庫県）の者
男五人、女十人、計十五人
▽紀州（和歌山県）の者
男十人、女五人、計十五人

福堂町の遭難供養塔

▽若狭（福井県）の者
　女三人、十八歳以下
▽摂州（大阪府北西部、兵庫県南東部）の者
　男二人、女一人、計三人
▽備後（広島県東部）の者
　男二人、女三人、計五人
▽淡路（兵庫県淡路島）の者
　男四人、女七人、計十一人
▽美作（岡山県東北部）の者
　男二人、女三人、計五人
▽国名が判明しない者
　計十二人
▽他に船頭　三人
合計　七十二人

この他に、これら遭難した巡礼者が路銀として所持していて、湖中から拾い上げられたお金が、金二十二両一歩、銀一貫二百七十二匁《もんめ》、銭二十貫五百文であったと記録されています。

■西国巡礼手引書は注意を喚起

この巡礼者たちは、これらの路銀を使い三十一番長命寺（近江八幡市）から三十二番観音正寺（安土町）を巡って、朝鮮人街道、中山道を経て、最後の三十三番美濃国谷汲山華厳寺に参拝し、結願《けちがん》の志を果たすところでした。結願を前にして命を落とすとは、その無念さは察するにあまりあります。このような悲惨な事故は他にも大小いろいろあったと思われます。

宝暦五（一七五五）年の大事故以降に発刊された西国巡礼手引書の中には、わざわざ付紙をして、十三番札所石山寺と十四番の三井寺の間に、三十一番長命寺と三十二番観音正寺を先回りすること（これを「石山よりの逆打ち」という）を勧めているものがあります。そして、安永三（一七七四）年以降の巡礼者は、ほとんどがこの「石山よりの逆打ち」を行い、竹生島から湖北の港に上陸するコースをとっています（田中智彦著『聖地を巡る人と道』）。竹生島から約四里の長浜、早崎、尾上などへのコースは比較的安全であったようです。

巡礼者向け案内人養成の大旅行

渡辺吉蔵

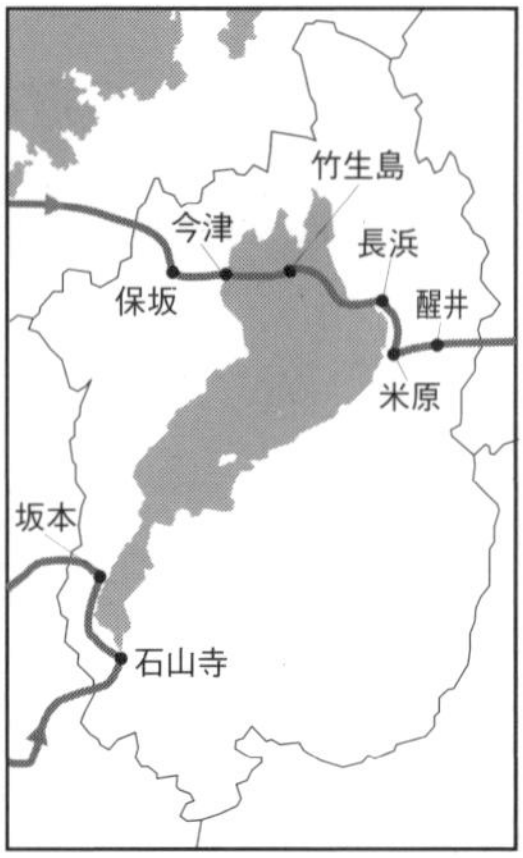

■当時の宿泊費を克明に記録

東北地方南部藩の立花村（岩手県北上市立花）の渡辺吉蔵は天保一〇（一八三九）年に村人三人、それに将来の旅の案内者となる経験を積むための山伏六人とともに、伊勢参りと西国霊場巡り、高野山、金比羅、善光寺参りに行き、江戸や京、大坂見物の旅をしています。五月三〇日に村を出発して、一〇月五日に帰着する実に百二十四日に及ぶ大旅行でした。渡辺吉蔵の旅日記『天保十年伊勢参りの記録』所収の『参宮道草喰』には、後の旅行者に役立つように、神社仏閣、名所旧跡の概要や宿泊した宿の宿賃などが実用本位に記述されています。

彼の村では寛政一二（一八〇〇）年より天保一〇（一八三九）年まで四十年間に村の戸数を超える二百三人が参宮しています（『天保十年伊勢参りの記録』による）。東北農民の西国への旅行がいかに盛んであったかがわかります。当時、天保の大飢饉（天保四～七年）があったことを想起すると、実に驚くべきことです。

■八月と九月に近江に

渡辺吉蔵一行は伊勢参りをすませ、紀州の霊場や高野山、大坂を巡り、宇治から八月八日に近江に入り、西国三十三箇所霊場のうち十二番霊場岩間寺、十三番石山寺に参詣し、大津で一泊しています。八月九日には三井寺、唐崎、坂本を経て、比叡山に登り根本中堂等に参詣し、山城国に入り、その後約一ヵ月かけて、京都をはじめ各地の見物や金比羅宮参詣をしています。

一行は九月五日に、また近江に入り、保坂《ほうさか》（高島市）を経由して、今津に至り、一泊。翌九月六日は西国三十三箇所霊場の三十番霊場竹生島宝厳寺に渡る予定のところ、荒天のため船が出ず、翌七日に竹生島に渡ることができ、宝厳寺の参詣をすませ、湖上を長浜に上陸し、北国街道を南下し米原宿に至り、ここで一泊しています。米原宿の東端で北国街道から分かれ、中山道の番場宿へ出て、醒井宿、柏原宿へと歩みを進め、美濃国に入り、九月九日に最後の霊場である谷汲山華厳寺に参拝して、帰途についています。

■自分で炊事して宿泊

渡辺吉蔵の旅日記には、番場では蓮華寺、醒井では日本武尊居醒清水《いさめのしみず》、柏原では伊吹艾《もぐさ》などと、各宿の名所名物について、後の旅行者のために、要領よく紹介されています。また宿泊費や米一升の値段についても後の参考のために克明に記録されています。例えば大津では宿泊費は「木せん（木銭）」六十四文を含めて百四十二文、また米一升の値段が百十二文と注記されています。木銭とは自炊して宿泊する場合の薪代のことで、米と薪を購入して自炊する、いわゆる木賃《きちん》宿方式で宿泊していたことがわかります。

今津で泊まった時の宿泊費は木銭四十八文を含めて百三十一文、米一升の値段が百十六文。また米原では木銭六十四文を含めて百五十二文、米一升が百十六文と記載されています。近江以外の他地域においても、ほとんど同様に、木銭と米の代金を支払って自炊する木賃宿方式で宿泊しています。平均するとその宿泊費はおおよそ百五十文、米一升の値段は百十五文程度です。当時の多くの巡礼はこのような木賃宿方式で宿泊していました。ただ渡辺吉蔵一行が八月

醒井の居醒清水

一〇日に京都六角堂前で泊まった時は木銭の記述がなく、二百三十二文を支払っていますので、この日は一泊二食付きの旅籠形式で泊まったと思われます。

■宿賃は米一升よりやや高め

それにしても、米価を基準にして当時の宿泊費を考えてみますと、木賃宿方式の場合は米一升より少し高い（約三割増）程度であったことがわかります。また、たまに京などで、旅籠形式で宿泊した場合でも米一升の価格の約二倍程度でした。

なお渡辺吉蔵は米原において、金から銭への両替を行っています。金一朱を銭四百二十文と交換しており、当時の銭相場や一両の値打ちがわかります。すなわち一朱は一両の十六分の一ですので、一両は六千七百二十文となります。当時の大工の日当は一日約五百文であったといわれ、これを現在の職人の日当を二万円として換算しますと、ほんの目安にすぎませんが一両は二十六万八千八百円となります。

頼るは「粗末ながら一宿を」

野田泉光院

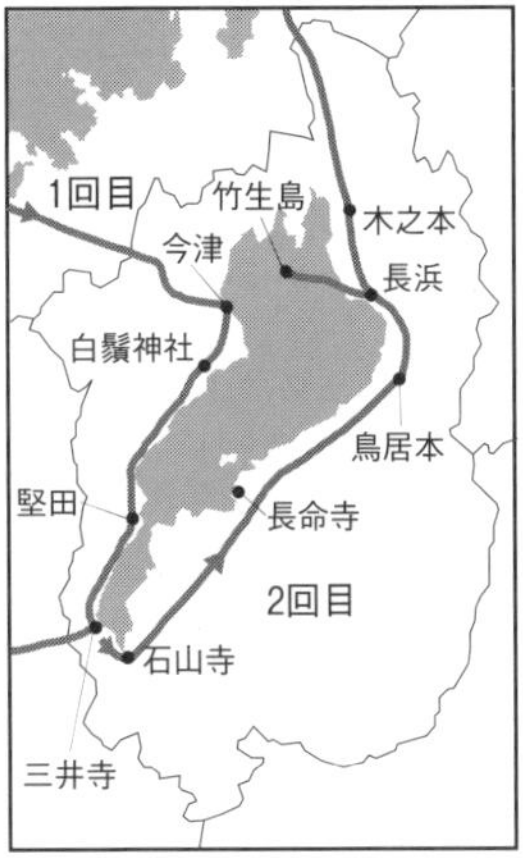

■無銭旅行に近い修行の旅

托鉢しながら名山寺社を参拝して回った山伏の旅を紹介します。

日向佐土原（宮崎県宮崎市佐土原町）の安宮《あんぐう》寺は佐土原藩の修験道を担う寺院で、その住職野田泉光院は学もあり山伏としての気概を強く持った人物でした。五十五歳で藩の許可を得て住職を辞し、文化九（一八一二）年九月から六年余りにわたって、全部で五十数ヵ国の有名寺社はもちろんのこと各地の観音霊場、国分寺、一の宮などを参詣しています。毎日、日記『日本九峰修行日記』を付けており、その有り様が克明にわかります。全行程をほぼ托鉢によって費用をまかなう旅行で、多くは民家に宿泊しています。

■浄土寺院は「犬の糞より多し」

近江には二回足を踏み入れていますが、一回目は、旅に出て三年目の文化一一（一八一四）年九月六日、敦賀から高島郡に入り田谷《たや》（高島市マキノ町小荒路《こあらじ》の一部）の新左衛門宅に一泊します。七日は海津から知内《ちない》村に出て托鉢を行い、「粗末ながら一宿を」という温かい言葉に従い、大工の弥左衛門宅に泊まります。翌八日出立にあたり、剃刀用の砥石と昼弁当まで用意してもらっています。当日は西近江路を南下して白鬚《しらひげ》神社に参詣し、当地の木賃宿に泊まります。九日はさらに南下し、堅田の浮御《うきみ》堂に参り、当地の萬弥という宅に宿泊。

彼は、浄土真宗の寺院には一切参詣していません。この辺り「親鸞聖人・蓮如上人旧跡という寺、犬の糞より多し」と述べ素通りしています。

翌一〇日は堅田を発ち、西教《さいきょう》寺、日吉山王、東照宮、唐崎明神、三井寺に参詣し、山城国醍醐寺に向かっています。

■石山寺からの見晴らしを絶賛

二回目に近江に入ったのは、文化一二（一八一五）年六月一〇日のことで、伏見から近江に入り、まず岩間寺、ついで石山寺に参詣、同寺ではその見晴らしを「絶景言語に述べがたし」と絶賛しています。それより、国分寺、近江一の宮の建部《たてべ》神社に参詣し草津宿で宿泊。翌一一日は日牟礼《ひむれ》八幡と長命寺に参詣し、八幡の旅人宿で宿泊の予定が満員のため、夜道を常楽寺村まで歩き、政八という者の家に泊まっています。

一二日は佐々木明神（沙沙貴神社）参拝後、高宮宿に出て、それより多賀大社に参拝。当

近江一の宮であった建部神社

社はそのころ、仮殿が建てられており、「去年焼失に付き、いまだ再興延引せり」と記されています。この日は高宮で宿泊。一三日は彦根城下を一見し、佐和山の峠を越えて鳥居本宿へ出て、それより長浜を経て、竹生島に渡る船着き場の早崎村（長浜市）に至り、船問屋で泊まっています。その船問屋の奥さんについて「問屋嬶《かか》五十ばかりなり。甚だぶっつりさん也」と評しています。よほど寡黙でもあったのでしょうか。

■竹生島で一句奉納

翌一四日は船賃六十二文を払って竹生島へ渡り、観音堂、弁天宮などに参詣しています。単に「当島は湖水第一の絶景なり」と述べるだけではなく、「六月一五日祭礼につき、今日音楽の調べ有り」「寺中は山の傍らに六十七ヶ寺あり」、「諸事宝物開帳す」、「山中一面に諸鳥の巣あり」などと細かい描写をし、最後に「和らかに風の薫るや竹生島」の一句を奉納しています。当日は早崎を経て、木之本で宿泊しています。

一五日は木之本地蔵に参詣、この本尊は、「湖水より引き上げられたので御体に石砂が付いている」などと当時の言い伝えを紹介しています。この日、栃ノ木峠を越えて越前に向かい今庄で泊まっています。

■農民と俳句を楽しむ

以上は近江路の部分を略述したにすぎませんが、他国での行程を合わせ見てみますと、野田泉光院が六年余り続けた旅行は原則として、無銭旅行に近い托鉢の旅であり、ほとんど毎日行きずりの民家等に泊めてもらっています。たまに衣類の洗濯のために、逗留していることもありますが、彼の旅行は乞食同然の修行の旅であったことが想像できます。

しかし一晩も野宿していませんし、犯罪の被害にもあっていません。当時の日本の村々にはこのような修行者を温かく受け入れる信仰心と、のどかさがあったのではないでしょうか。

また彼は俳句や儒学などにも造詣が深く、片田舎で農民と俳句のやりとりをしたり儒学の講義めいたことも行っています。日記の記述から図らずも当時の日本の庶民の知識水準の高さを垣間見た思いがします。

❸女性の歩いた近江路

女性の旅を楽にした関所改め

自芳尼

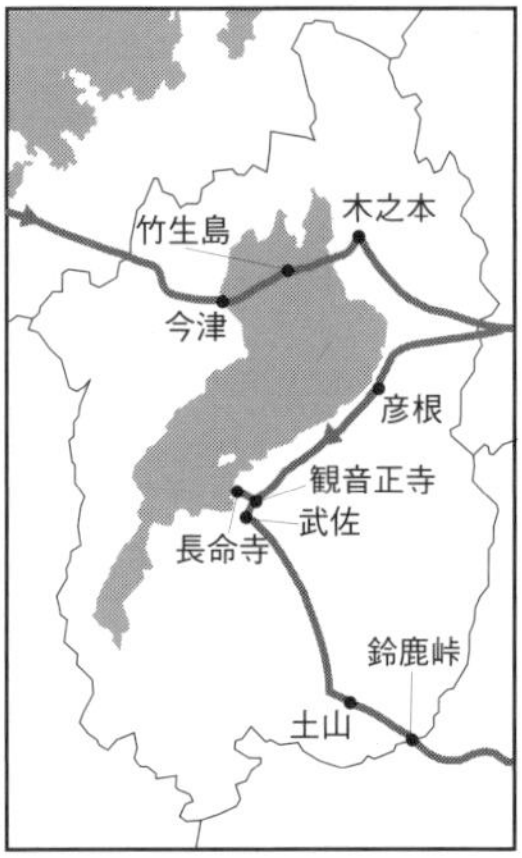

■少なくなかった女性の旅

江戸時代の女性の地位は非常に低く、とても自由に旅に出かけられるような状況にはなかったようにも思われがちです。

ところが、関所における取り締まりの緩和などもあり、胸をときめかして、遠方への旅に出た女性が、決して少なくなかったことは、その多く残されている旅日記からもうかがわれます。

■善は急げと出発

今回取り上げた自芳尼《じほうに》一行の旅行もその一つです（滋賀大学経済学部附属史料館研究紀要所収『西国巡拝名所記』による）。この旅日記を紹介された滋賀大学の青柳周一氏は、自芳尼について、彦根藩の足軽、柴田氏の夫人で、家事を退いたのを契機に剃髪し、旅に対する意欲と体力を備えた、社会的、文化的関心の高い女性であろうと、その人物像を想像しておられます。彼女を含めた十五人の仲間（うち一人は男性、多分案内人または荷物持ち。残り十四人はすべて女性）は安政元（一八五四）年三月二〇日から実に七十二日間にわたる大旅行を行っています。

三月二〇日の暁に、嬉しや善は急げと彦根を出発。まず西国三十三箇所の三十二番霊場観音正寺にお参りし、坂を西へ下り桑実寺に参拝。その日は常楽寺村で一泊。次の二一日は安土浄厳院、沙沙貴神社に参拝した後、船で西ノ湖を経由して三十一番長命寺に参詣して八幡で一泊。二二日は中山道武佐宿を経て御代参街道に入り街道沿いの岡本、石原、鎌掛《かいがけ》（日野町）を巡ります。その日は鎌掛で泊まり、翌二三日は風雨激しくそのまま逗留。二四日鎌掛を出発、笹尾峠を越え土山へ出て東海道を経由、途中田村神社（甲賀市土山町）に参拝し鈴鹿峠を越えて伊勢国へ入っています。

このあと、自芳尼一行は伊勢神宮や西国各地の観音霊場や名所旧跡を回り、さらに四国の金比羅宮まで足を延ばしています。それから、五月二六日に近江に入っています。

■簡単だった関所改め

若狭から近江に至る間には二つの関所がありました。若狭側の熊川には小浜藩が設置している口留め番所の「熊川御関」、近江側の杉山村には幕府が設置し、朽木氏が管理している「山中御関」がありました。しかし、いずれも西国（近江側）から北国（若狭側）へ出る女を改めるのが主な目的の関所であり、北国から近江へ入る場合は、女でも改めはきわめて簡単なものでした。

自芳尼一行も熊川関では旅の目的や出立の日、一行の人数を答えるだけで通過しています。また山中関の場合は、幕府が設置している関所ではありますが、自芳尼の日記には「子細なし、通行ス」とあるのみで、ほとんどこれといった取り調べもなく熊川関同様に簡単に通過していることがわかります。

関所の存在は旅行者、特に女性にとっては本来、非常に煩わしいものでしたが、このように、簡単に通過できる関所があらわれたことが、女性の旅の急激に増加した原因の一つであります。

■楽しみ多い観光旅行

五月二六日は今津で泊まり、翌日竹生島に渡り西国三十三箇所の三十番霊場宝厳寺に参詣し、いろいろな宝物も拝観。また船に乗り、尾上の南に着船。それより北に向かい、この日は木之本で泊まっています。翌二七日は、朝のうちに、木

虎姫町三川の玉泉寺

之本地蔵にお参りし、それより、三川（虎姫町）の元三大師（玉泉寺）を訪れています。元三大師は比叡山中興の祖、良源のことで、当時、彼の異形の画像が魔除けとして広く民間で信仰されており、その出生地である三川の玉泉寺（「元三大師」）は木之本地蔵とともに、湖北路を旅する人々が多く訪れる参詣地でした。

それより関ヶ原経由で二日余りかけて最後の霊場三十三番谷汲山華厳寺にゆっくりと参詣、三十三箇所の御詠歌をうたい、今まで着ていた笈摺《おいずる》を奉納し、新しいのに着替え、帰郷の途につき、六月二日、鳥居本宿まで出迎えに来た人々と一緒に、旅の無事を喜びあいながら、元気に彦根に帰り着いています。寺社参詣中心の旅ではありましたが、単なる信仰の旅ではなく、日常からの脱却による楽しみの多い大観光旅行でもあったといえましょう。

名物に舌鼓をうち名所巡り

圓月祐清尼

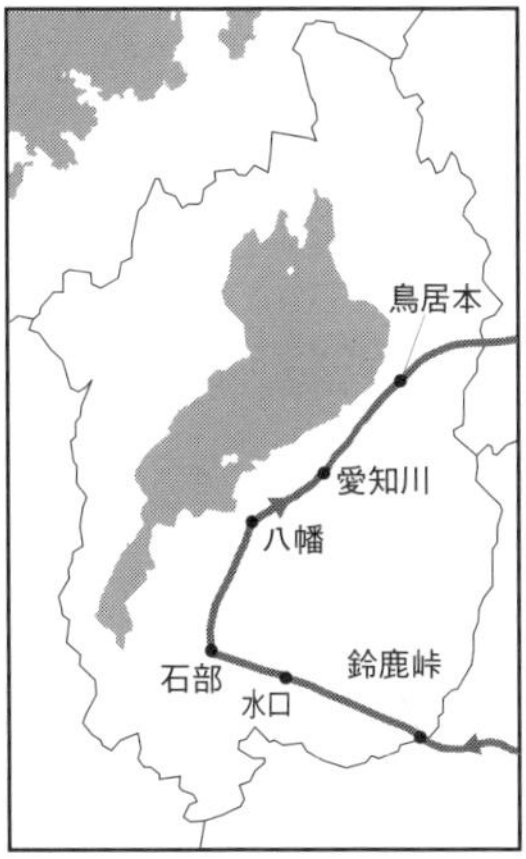

■女性に人気のあった善光寺

子育て等が終わった女性の、のんびりとした善光寺参りの旅を紹介します。

善光寺参りは、女性に人気がありました。「善光寺縁起」では特に女人救済が説かれ、それが広く宣伝されたからです。「牛にひかれて善光寺参り」という諺も、その宣伝に大きな役割を果たしました。

■喜々として出立

近江商人の婦人の圓月祐清尼《えんげつゆうせいに》と寺村おたつ、内村おりきの三人が、荷物持ちなどをするお供の男性三人を連れて、安政四（一八五七）年四月二三日に八幡を発ち、中山道、伊那街道経由で信州を目指して出発しました。女性の旅の場合、お供の男性が同行するのはよくあることです。

祐清尼の旅日記『善光寺道之日記』には「日がらもよく」「皆々元気よく出立…」などとあり、皆が期待に胸ふくらませ、喜々として出発した様子がうかがわれます。

見送りのために同道してきた近親縁者と、愛知川宿の「升屋」でゆっくりと弁当を共にし、別れを惜しみ、いよいよ女性三人だけは駕籠に乗り高宮宿に向かいます。そして、お多賀さんへ参詣し、それより山道を原（彦根市原町）へ出て、中山道鳥居本宿に到着、大藤屋という旅籠で泊まっています。鳥居本の街道沿いに、大藤屋と称した旅籠の建物が存在し、その白壁には藤の家紋がかすかに残っていました。多分、祐清尼一行はこの旅籠に泊まったのでしょう。

二四日は天気がよく摺針峠できれいな景色を眺め、名物の餅を賞翫《しょうがん》しています。次いで番

歌川広重『木曽街道六十九次』より柏原宿艾屋亀屋左京店

場宿では、見事に咲きほこる藤棚で休み、また醒井宿では清水の地蔵堂前で休み、柏原宿では艾《もぐさ》屋亀屋左京店の庭を見物して艾を少々買い求めています。そして寝物語の里を見物しています。各宿駅の名物に舌鼓をうち、名所を見物しつつ歩みを進め、その日は美濃の赤坂宿で泊まっています。

■日記に感激の言葉

　このように、のんびりと歩みを進め、五月八日に善光寺に到着しています。善光寺には二泊し、一〇日の午前中まで逗留します。この間、本堂での通夜（お籠り）や、お朝事《あさじ》（日の出とともに本堂で始まる法要）

に参加し、また本堂の真下の真っ暗な中を手探りで進み、鍵に触れると極楽往生ができるという戒壇巡りも行っています。また自分が仏様と系譜的につながっていることを示す「御血脈《おけちみゃく》」と称する一種の系図をもらうなど、いろいろと宿願がかない、祐清尼は「誠に誠に、有り難さで胸がいっぱいです。この感激は、とても文章には書き表すことはできません」と感激の言葉を日記に書きつづっています。

帰途、鈴鹿峠を越え近江に入ったのは五月二四日で、この日は水口宿で泊まっています。水口は「随分よろしき所」と評しています。

■親類縁者が出迎え

二六日は好天に恵まれ、横田川を渡り、平松を過ぎ、石部宿の入り口で昼食をとっています。その後、林村（栗東市）の新善光寺に参拝しています。ここは信濃の善光寺の分身を奉安している寺といわれ、信濃善光寺と同様に参詣者が多くありました。祐清尼一行もここで本尊のご開帳を受け、ゆっくりと参詣して有り難い気持に浸っています。それより脇道を経て、中山道の守山宿に至り、ここで一泊しています。

二七日、八幡を目指し永原辺りまで来ると、八幡からの出迎えの親類縁者等が続々と見え、みんなで日牟礼八幡宮に参拝し、お神楽を上げ、無事の帰着を感謝し、喜びあっています。そして皆々、元気よくそれぞれの家路につきました。一生の思い出となる有意義な善光寺参りであったと思われます。旅日記の最後は、「無事に下向でき、誠に誠にこの上もなく有り難いことです」と喜びと感謝の意を込めた言葉で締めくくられています。

旅を愛した悲運の旅籠屋女主人

巖佐由子（由衛）

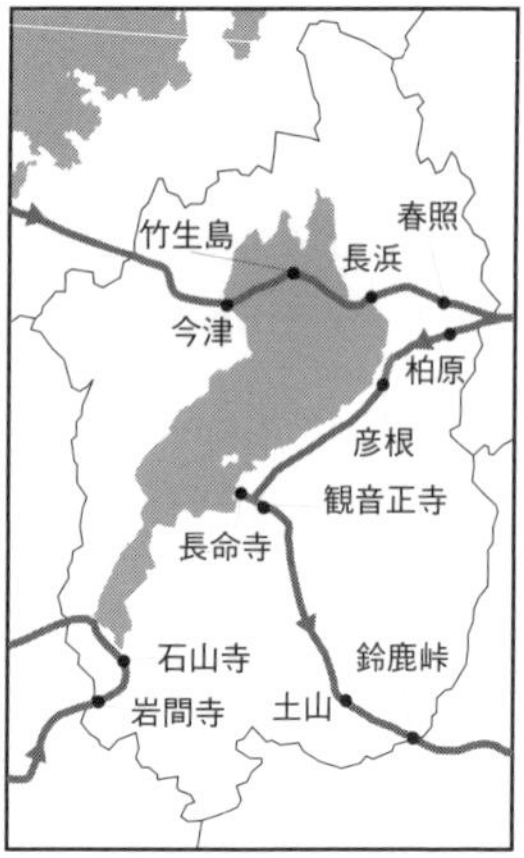

■西国巡礼、東京見物

二〇〇二年、米原市の柏原宿歴史館で「長野主膳《しゅぜん》と巖佐《いわさ》由子《よしこ》」という井伊直弼の腹心として活躍した国学者長野主膳とその門人、巖佐由子に関する展覧会を見学し、スケールの大きい積極的な生き方をした巖佐由子（別名由衛《よしえ》）という女性の生涯を知ることができました。この時展示室の一角に由子の旅日記『西国道の記』が展示されているのが目に留まりました。

由子は文化一一（一八一四）年、現米原市の中山道柏原宿の宿場役人で有力旅籠の娘として生まれ、明治二七（一八九四）年、八十一歳で亡くなっています。その一生の大半は家庭的には不幸の連続でした。この展覧会を企画担当された谷村潤一郎氏作成の年表により略記しますと次の通りです。

■巖佐由子という女性

まず、由子の出生前に婿養子であった父親は離縁して神崎郡小幡《おばた》村（東近江市）の実家へ帰り、彼女自身も二十歳で婿養子を迎えますが翌年離婚。そして二十二歳の時母親が死亡、祖母と二人暮らしとなります。その後、将来の跡継ぎにと養子・養女を迎えますが、まもなく養女は実家へ帰り、養子も家出し行方不明となります。この間祖母も死亡し、一時、由子は一人暮らしとなります。その後、二度目の跡継ぎ養子をもらい、その養子に妻を迎え、やっと家庭的に落ち着きます。由子はこの時すでに五十一歳になっていました。

このような家庭的な不幸の中にあっても、彼女は生まれる前に巖佐家を去っていた実父の援助を受けるなどして、旅籠の女主人として家業に励みました。三十九歳で自宅の大改造を行い、その建前は柏原宿の旅籠の中でも、特に大規模であったといわれています。

一方、三十一歳の時、坂田郡志賀谷《しがや》（米原市）で私塾を経営していた国学者長野主膳のもとに入門し、文才を発揮し、和歌の道でめざましい成長を示します。長野主膳夫妻が巖佐家を訪れるなど、子弟の交情はきわめてこまやかなものがありました。

■生涯に何度も旅に

ところで、由子は一生涯のうち、何回も大きな旅に出ています。二十二歳の時には、離婚の傷心を癒すために京・大坂への旅に出ています。そして四十九歳の時、今回紹介する西国巡礼の旅、翌年には善光寺参詣の旅、そして六十六歳で日光、東京見物の旅をしています。彼女は家業の旅館業と趣味の和歌に加えて、旅にも人並み以上に意欲を燃やしていたことがわかります。これが彼女の生きる力を支えていたのではないでしょうか。

ところで西国巡礼の旅については柴桂子氏の「近世女性の西国三十三ヵ所巡礼——巖佐由衛の『西国道の記』」という文章がありますので、これを参考に彼女の旅のうち近江路の部分を紹介します。

文久二（一八六二）年二月一三日に柏原を出発、彦根に寄り道し、当時彦根藩士になっていた長野主膳宅を訪問し、歓待されます。夜遅くまで囲碁や双六を楽しみ、翌日は風邪気味で結局二泊します。さらに前年に亡くなった実父の一周忌のために神崎郡の小幡村に三日間滞在します。この法要への参加が、この度の西国霊場巡拝の旅のきっかけとなったようです。

この旅には番頭一人が同行しており、また部分的に何人かと行動を共にしています。

まず一八日に蒲生郡にある三十二番霊場観音正寺と三十一番長命寺に参拝し、御代参街道の笹尾峠を経て土山で一泊。以後、

西国三十二番霊場観音正寺（撮影／寿福滋）

伊勢神宮や各地の霊場を巡り、三月三〇日に醍醐から近江へ入り十二～十四番霊場の岩間寺、石山寺、三井寺に参詣し、小関越えで京へ出て、京都、大坂、更には讃岐（香川県）の丸亀（金比羅）まで足を延ばし、更に山陰路を経て小浜から山中越えで、四月二五日にまた近江へ入り、今津より船で竹生島の三十番霊場宝厳寺に参詣、急ぎ長浜に上陸、長浜八幡宮に参拝し、谷汲道の観音坂を越え、春照宿（米原市）で一泊しています。なかなかの急ぎ足です。

二六日には三十三箇所観音霊場の最後三十三番谷汲山華厳寺に参詣、道中ずっと着ていた笈《おい》摺《ずる》を納め、御詠歌をうたい結願の喜びに涙を流しています。その日は門前で泊まり、帰途につき、次々と迎えに来た多くの身寄りの人たちと連れ立って、にぎやかに家路につきます。

晩年の由子は近郷の者に和歌や裁縫の指導をし、また七十歳過ぎまで小学校の前身で教師として奉職したりし、明治二七（一八九四）年一〇月六日、波乱に富んだ一生を閉じています。

多感な少女に印象的な逢坂関

菅原孝標の女

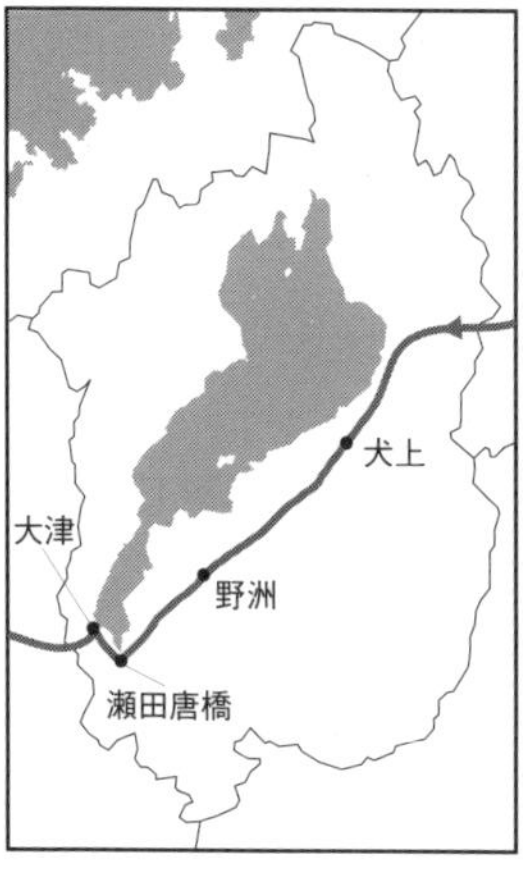

■十三歳の少女の目に映った風物

『更級日記《さらしなにっき》』といえば平安時代の代表的日記文学です。中流貴族の娘である作者菅原孝標《すがわらのたかすえ》の女《むすめ》が夢多い少女時代から、人生のいろいろな体験を経て晩年に至るまでの一生をつづった自叙伝的日記です。作者の父親孝標は平凡な中流貴族で地方官に甘んじていましたが、菅原道真の五代目の子孫にあたり、先祖は代々文章《もんじょう》博士や大学の頭《かみ》を務めており、母親の姉は『蜻蛉《かげろう》日記《にっき》』を著した才女でした。本人も幼くして『源氏物語』に憧れるなど文学少女でした。その後、地味な生活で晩年を迎え、五十二～五十三歳のころに、記憶や残っていた記録をもとに生涯を振り返ってこの優れた作品をまとめ上げています。

その冒頭の部分約五分の一は上総国（千葉県）の役人であった父親の任期が終わり京へ帰る道中の旅日記です。当時作者は十三歳、感受性豊かな少女の目に映った沿道の様子や、それぞれの土地に伝わる伝説が書き留められています。ただ、その旅から約四十年後に記述されたものであり、正確な旅の記録とは言い難い内容になっています。

■息長という家に宿泊

寛仁四（一〇二〇）年九月三日に父の任地であった上総の国府を出発し、同年一二月二日に京都にたどり着く、実に三ヵ月に及ぶ大旅行でした。この間、竹芝という所（武蔵国）から衛士として都へ出た土地の男が姫宮と一緒になって帰ってくる話や、足柄山（相模と駿河の境の山、箱根山の北）や野上（美濃国不破郡）で見た遊女の優雅な姿について印象深くつづっており、沿道の庶民の様子に興味深い目を向けています。

この旅日記における、近江路の記述は、入京の直前ということもあってか、きわめて駆け足

息長一族との関わりがあるとされる山津照神社古墳（米原市）

で簡略です。「師走の二日」、現在の暦になおすと一二月二四日に入京していますので、近江の行程は年末近くの寒いころと思われます。「雪が降って、ひどく荒れ狂う中を、何のおもしろみもなく不破の関などを越え近江へ入り息長《おきなが》という人の家に泊まって、そこに四、五日逗留した」と記述されています。

息長氏は坂田郡（米原市域）の古代豪族として有名であり、息長帯日売命《おきながたらしひめのみこと》（神功皇后）、息長《おきなが》眞《ま》若中比売《わかなかつひめ》（応神天皇妃）など皇妃を輩出したと伝えられています。地元では一族の子孫の中に坂田郡の郡司や、朝廷に琵琶湖の産物を貢進していた筑摩御厨《ちくまみくりや》の長を務め、その後も勢力を持つ者もいました。作者の父親はこれらの何らかの関係者を知っており、旅の途中その家に逗留させてもらったのではないかと思われます。十三歳の作者にとっては、四、五日も滞在したのですから、興味ある見聞がいくつかあったと思われますが、残念ながら一言も記されていません。

■逢坂の関は「印象深い」

続いて「みつさか」山麓に泊まったようですがその場所は不明です。ここでも「昼夜時雨や霰が降り乱れて日の光もはっきり見えず、ひどくうっとうしかった」とあります。次いで犬上、神崎、野洲、栗太《くりた》の各郡を、それぞれ特に興味を示すものもなく「何となく通り過ぎ」ています。

さすがに琵琶湖の景色は広々としており、竹生島や「なでしま」(不詳、多景島《たけ》か)があり「非常にいい眺めである」と述べています。琵琶湖の南端の「瀬田の橋は当時すっかり朽ち果てていて渡りづらかった」とあります。この橋については、焼けたり、朽ち果てたり、戦いのために取り外されたり、歴史上いろいろな変遷を経ていますが、当時も老朽化して渡りづらい状態であったことがうかがわれます。

瀬田の橋を渡り琵琶湖の西岸に出て、粟津で泊まって時間調整をして、わざわざ夕方四時ごろに粟津を発っています。これは京に「暗くなってから着く」ためです。旅のやつれを都人に見られるのを避けるのが目的ではないかといわれ、『土佐日記』にも同じような記述があります。

逢坂の関近くでは、山道の側に板囲いして大きな仏像が立っているのを目にして「寂しそうに立っておられる仏様だこと」と少女らしい優しい思いやりを寄せながら通り過ぎています。これは今はない関《せき》寺の大仏のことです。この旅の最後に「今まで多くの国々を通り過ぎてきたが、駿河の清見が関と逢坂の関くらい印象に残っているところはない」と逢坂の関をたたえています。

和歌に詠まれた秘める決意

阿仏尼

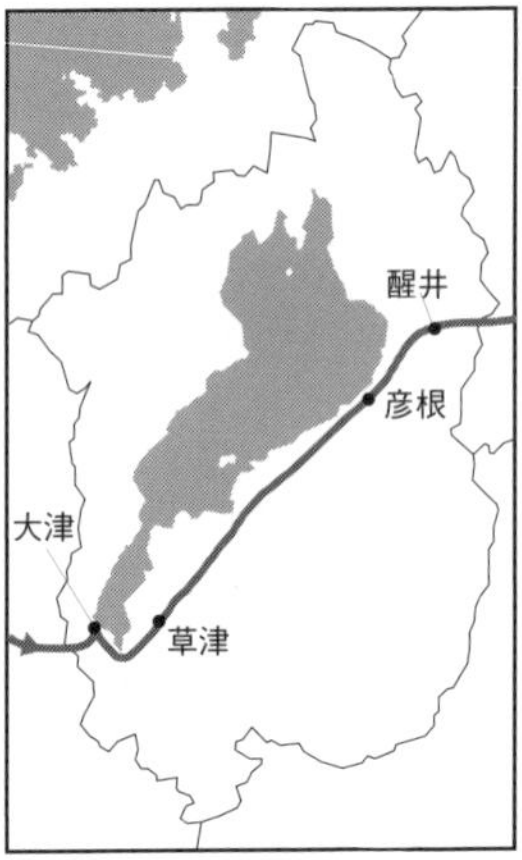

■京から鎌倉への旅

『十六夜《いざよい》日記』の作者阿仏尼《あぶつに》は、一旦思いこんだらやり通す激しいひたむきな心の女性であったと思われます。亡夫が子供に遺した財産を裁判で取り返すために子供を京に残して鎌倉へ出かけ、足かけ四年ほど鎌倉に滞在します。『十六夜日記』はこの時の日記です。

阿仏尼は和歌の名門である藤原俊成《しゅんぜい》を祖父に、定家を父にもつ藤原為家《ためいえ》の後妻になった女性です。為家は、はじめ播磨国の細川荘の所有権を正室の子、為氏《ためうじ》に与えます。しかし阿仏尼との間に為相《ためすけ》が生まれるに及んで、代々伝えられてきた和歌関係の書類と共にその土地の所有権も為相に与えることに変更します。このために為家の死後、その土地をめぐって為氏と阿仏尼の争論となります。

阿仏尼は子供の行く末と和歌の名門の伝統を守るために、鎌倉幕府に直接訴えようと意を決して、京都を発って鎌倉に向かいます。弘安二（一二七九）年の冬の初め一〇月一六日のことです。鎌倉へ到着したのが二九日、十四日間の旅でした。この間の旅日記は和歌を多く取り入れた流麗な和文でつづられています。

■逢坂の関を越える

家を出る時に乗ってきた牛車を京都の出口、粟田口《あわたぐち》で返し、逢坂の関を越え近江へ入る時に、まず一首。

定めなき 命は知らぬ 旅なれど 又あふ坂と 頼めてぞ行く

（定めのない命はどうなるか分からない旅だが、この逢坂の名のように、また逢うことを頼みにして出かける）

阿仏尼の和歌は技巧を凝らしたものが多く、この歌でも「逢坂」、と「又あう」が掛詞《かけことば》になっています。

■雨の中、守山へ

野路（草津市野路町）を過ぎるころには、夕暮れも近くなり、人影もなく時雨さえ降り注いでもの悲しい気持ちになり、

草津市野路町の様子

打ち時雨 故郷思ふ 袖ぬれて
行く先遠き 野路の篠原*

（時雨が降ってきて、故郷を思う涙で、衣の袖は一層濡れ、遠い行く先のことを思いつつ、野路の篠が茂っている野原を行く）

と詠んでいます。

この日は鏡宿（竜王町）まで行く

予定でしたが、日も暮れ、時雨も降り続くので、守山で泊まります。その時の一首。

いとど猶 袖濡らせとや 宿りけん 間なく時雨の もるやまにしも

（一層袖を濡らせというので、絶え間なく時雨が漏るという名の守山〈もるやま〉に泊まることになったのだろうか）

この歌でも時雨が漏る（降る）と守山が掛詞になっています。

■醒井の流れに自分をかえりみる

一七日は朝早く守山を発ち、川霧の立ちこめている野洲川を渡る時の一首。

旅人も 皆もろともに 先立ちて 駒うち渡す 野洲の川霧

（旅人は皆一緒に先だって朝霧が立ちこめている野洲川を馬で渡ってゆく）

この日は小野の宿（彦根市小野町）まで行って泊まります。

翌一八日、清水で有名な醒井宿を通る際に、この清水には夏ならば自分も立ち寄りたいと思うところだが、でも徒人《かちびと》たちは清水を汲んで飲んでいると街道風景を描写した後に、

むすぶ手に 濁る心を すすぎなば 浮き世の夢や 醒井の水

（この醍井の清水を手ですくい、濁った心を洗い清めたら、この世で自己の利益を追い求めている自分の迷い心も醒めるだろう）

という一首を詠み、世俗的な争いに身を投じている自分をやや客観的に反省している様子がうかがえます。なお、この歌にも夢が醒めると地名の醒井が掛詞になっています。

■没後三十年に実った直訴

ところで、粟田口までは牛車に乗ってきた阿仏尼は、それを返した後、どうして旅をしたのでしょうか。「駒うち渡す」とか「徒人」の用語からは、多分、主として馬に乗って旅をしていたのではないかと思われます。

阿仏尼はその後、争論の決着をみないまま弘安六（一二八三）年に没しました。そして細川荘の所有権が一応阿仏尼の子孫に帰したのは没後三十年、正和二（一三一三）年のことでした。

＊野路の篠原　地名のようにして歌に詠まれる歌枕。ここでは篠が茂っている野原の意味と解される。

幕府の威信をかけた大行列

皇女和宮と付添い女官

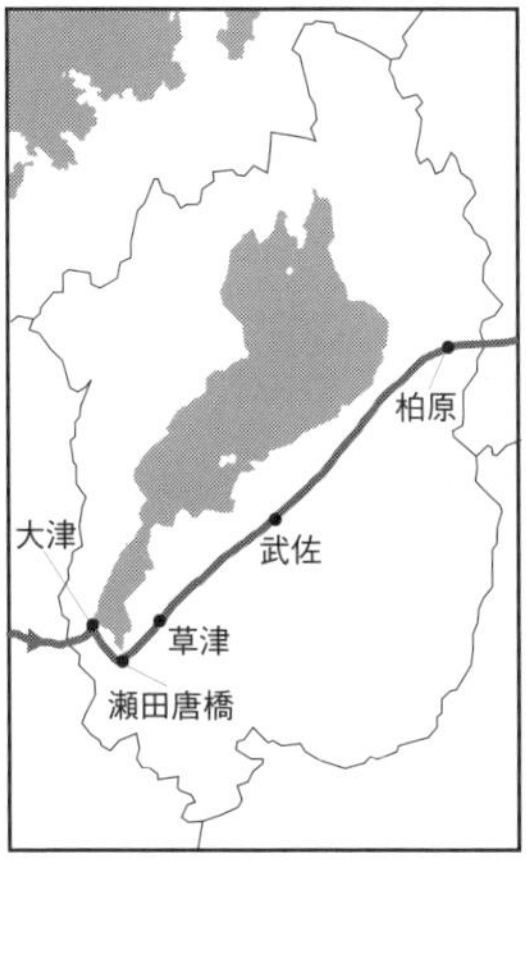

■和宮降嫁は、初め長野主膳が仲介

孝明天皇の妹の和宮《かずのみや》は、幕府と朝廷の融和のため犠牲になって、既に決まっていた有栖川宮《ありすがわのみや》熾仁《たるひと》親王との婚約を解消して江戸へ下り、第十四代将軍徳川家茂のもとに嫁ぎます。この和宮降嫁は普通、桜田門外の変で井伊直弼が斃《たお》れ、幕府の力が弱体化した結果、老中安藤信正によって発案されたように説かれていますが、実は井伊直弼が安政の大獄で反対派を弾圧している時期に、朝幕関係を調整する政策として検討が始められています。その仲介をしたのが直弼の腹

心である長野主膳でした。彼は直弼亡き後も和宮降嫁の推進に力を尽くしています。

孝明天皇はじめ、和宮やその関係者は当初、降嫁に猛反対でしたが、幕府が外国との条約破棄等の条件を出したために、結局朝廷のためになると考えて承諾。そして文久元（一八六一）年に和宮の江戸下向が実現しました。この和宮一行の行程や近江路の状況を付添い女官の『静寛院宮御側日記』をはじめ地元の資料により跡付けてみます。

■空前の大行列

文久元（一八六一）年一〇月二〇日京を出立、二十五日間かけて江戸に着くというゆったりとした行程です。近江では大津で二〇・二一日の二泊、二二日は草津で昼食、守山泊まり、二三日は愛知川、二四日は柏原で泊まり、同日美濃へ入っています。この一行は幕府の威信を示す大デモンストレーションであり、また反幕勢力による襲撃の心配もあり、警備が厳重で、空前の大行列でした。京出立の時に比べて、大津出発の時は一行の人数が大幅にふくらんでいます。大津での二一日の逗留は後続者を待つためでもありました。

女官の『御側日記』によりますと、二〇日の大津宿は何かと混雑して、和宮も「子刻《ねの》（夜の

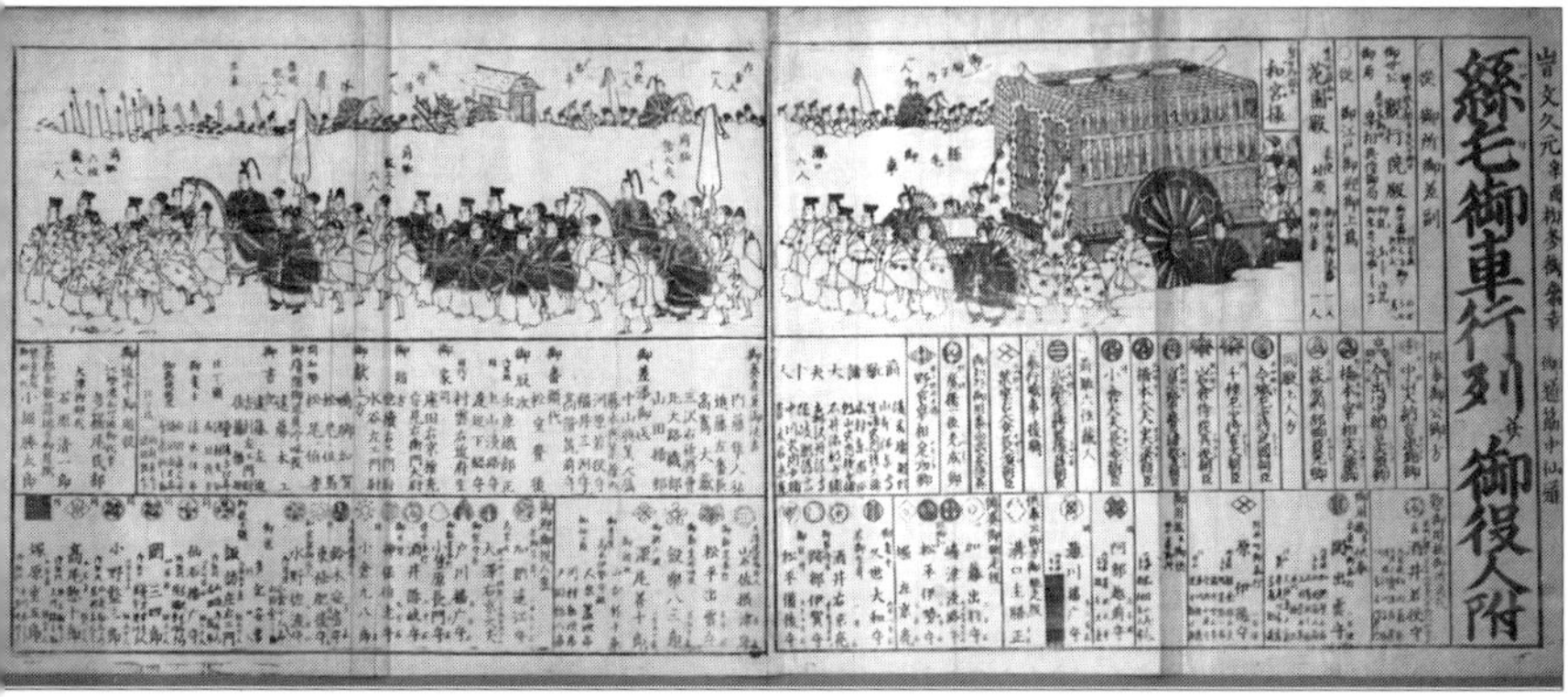

前代未聞の和宮一行の大行列（草津宿街道交流館所蔵）

十二時ごろ）に御寝になりまいらせ候」と記されています。二二日、和宮は「御機嫌良く御目覚め、寅の刻（午前四時か五時ごろ）御化粧済ましまいらせ候」「卯半刻（午前六時ごろ）御出門遊ばし」「草津にて御昼御小休御膳上らせられ候」「申刻《さるの》（午後四時ごろ）守山の御宿に御着き」など和宮の状況が記述されています。他の日も大体同じように朝早く発ち、夕方早く宿に入るという日程で旅が進められています。

二二日の昼食を担当した草津宿では、事前にどのような食材が用意できるか問い合わせを受け、海魚類は鯛、鰤《ぶり》、鯣《するめ》、鮹《たこ》など、干物としては麩、椎茸、干瓢など、青物類は山芋、長芋、にんじん、大根等が調えられると答えています。また同宿の記録では関係の通行は二〇日～二三日の四日間にわたり、合計朝廷側・幕府側合わせて二千三百六十六人、その運送のために人夫一万八百六十三人、馬四百九十三疋を出し、六百八両の借金ができ、「何とも致し方御座なく候」と嘆いています。

■各地で諸道具や人馬徴収

二三日、和宮一行は武佐宿で昼食。この時の献立記録によると、膾《なます》（二杯酢、鯛など）、汁（赤みそ、新菊）、平《ひら》（角半ぺいなど）、焼き物（若狭小鯛塩焼き）、それに香の物とご飯となっています。鯛を若狭から取り寄せるなど、なかなかのごちそうであったことがわかります。

二四日の宿泊地は柏原宿で四千百四十人の宿泊がありましたが、この宿は大和郡山領でしたので、宿泊者用の夜具などが同藩領の村から集められています。例えば同藩領が多い神崎・蒲生郡では川並村三百四十枚、金堂村二百二十枚をはじめ全部で約二千四百枚の木綿布団が集められています。このほか枕、火鉢、行灯、下駄、傘なども集められています。一方、必要人馬を集めるために各宿とも遠方の助郷村まで人馬の徴収を行っています。中には越前国の村を当分助郷に指定して、その費用を徴収した例もあります。この和宮一行の通行は宿駅や沿道だけでなく遠方の村々にも影響が及んでいたことがわかります。

　このように大騒ぎの結果、和宮は無事一一月一五日、江戸に到着し、翌年二月一一日に将軍家茂との婚儀が挙行されます。ところがこの和宮降嫁は幕府の企図した勢力回復にはつながりませんでした。和宮は四年後に家茂と死別し、出家して静寛院と称します。政情は急変し、その後朝廷と幕府が開戦するという事態に至ります。この際、朝幕の板挟みとなりますが、皮肉にも和宮は、今度は婚家である徳川家存続のために大きな役割を果たします。

④外国人が見た近江路

瀬田唐橋で俵藤太伝説に興味

ケンペル

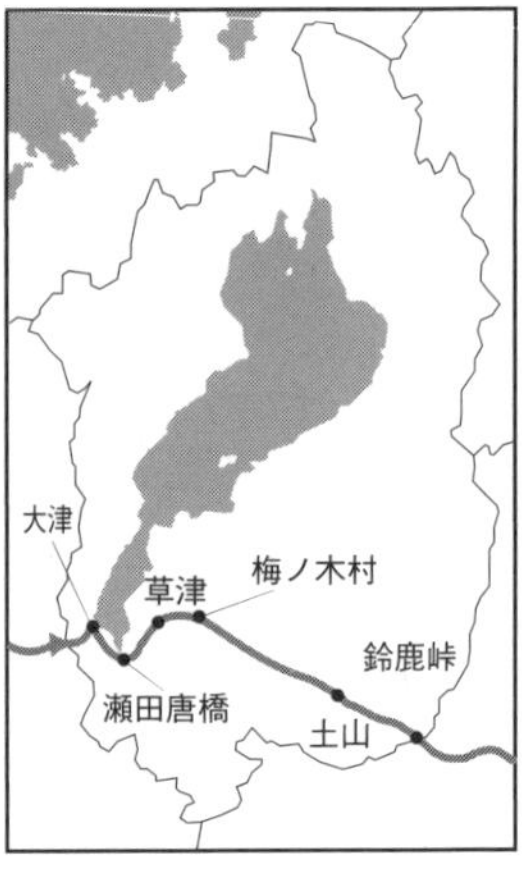

■外国人から見た当時の日本

江戸時代、鎖国日本のヨーロッパへの唯一の窓口はオランダ商館でした。オランダが日本との貿易のために置いたオランダ東インド会社の日本支店で、はじめは平戸にありましたが、寛永一六（一六三九）年以降、長崎の出島に移され幕末に至っています。商館長は将軍に拝謁するために定期的に江戸へ出かけました。

出島のオランダ商館には、一七世紀の末、本国からケンペルという医師が商館付き医者として赴任しており、商館長に随行し二度江戸へ出かけています。その時の日記が『江戸参府旅行日記』で、外国人から見た当時の日本の様子が実によく描かれています。その近江通過の部分を紹介します。

■琵琶湖は「大津の湖」

ケンペルの最初の江戸参府は元禄四（一六九一）年で、二月一三日（西暦）に出島を発ち、瀬戸内海経由で大坂、京都を経て、三月二日に近江に入り、大津で一泊しています。ここで琵琶湖を目にして、ケンペルはその呼称について「町は淡水湖の岸辺にあり、固有の名がなく、ただ大津の湖と呼ばれている」と見聞に基づいて記しています。

木村至宏氏はその著『琵琶湖――その呼称の由来』において「琵琶湖」の呼称がはじめて文献に登場するのは一六世紀の初めで、一七世紀の半ば以降になると文人の文章には多く現れだすことをいくつかの実例で示しておられます。ところが庶民の間では、ケンペルが見聞した一七世紀末の段階には、まだ「琵琶湖」の呼称は一般化していなかったのではないかと思われます。

■歴史や伝承を記述

ケンペルは医者ですが、自然科学よりは日本の地理歴史や伝承に興味を示しています。例えば、琵琶湖は土地が陥没してできたが、「富士山はそれと同時に高くなったともいう」という伝承を注記したり、優美な比叡山には三千の寺があったが「暴君信長が寺院を焼き払って略奪をほしいままにした」という日本の歴史を書き留めています。

また大津の次の膳所では、きれいな城と町が続いており、その番所には「クローバーの葉」のような紋章（立葵）と「何とかいう文字（本多家の『本』の字）の書いてある」紋章を染め抜いた幔幕が架かっていたと細かい観察をしています。

膳所を過ぎると、瀬田唐橋を渡りますが、この橋に関する有名な伝説、三上山を七巻き半もする巨大なムカデが、瀬田唐橋の龍神たちを苦しめていたので、それを知った弓の名手俵藤太秀郷（藤原秀郷）が、龍神に頼まれ、そのムカデをものの見事に射殺したという話を「日本人が本当にあったと信じ切っている伝説的な物語」として詳しく紹介しています。今も瀬田唐橋

旧和中散本舗の向かい側にある薬師堂

竜宮社に俵藤太は橋の守護神と共に祭られています。

■和中散本舗の由来に関心

草津を過ぎ、石部宿との間、梅ノ木村（栗東市）には「ぜさい」という看板を掲げ、「和中散」と称する腹痛等の妙薬が売られていることで有名ですが、これについてケンペルはその効能に関する記述に続けて、この薬の発明者は貧乏な男で、ある日「薬師仏」が夢枕に立ってその製法を教えたことにより、彼はこの薬を作って、短時日のうちに大変裕福になったので、立派な家を建て、「その向かいに薬師を祭るためにきれいに飾りたてた堂を建てた」こと、そしてその薬師如来像の不思議な姿や、それに手を合わせる日本人の有り様を珍しそうに記述しています。現在も和中散本舗の立派な建物の向かいに薬師堂が存在していま す。

土山の近くでは伊勢参りの一行が旅費をせがみながら乞食同然の旅をする姿を具体的に描いています。ケンペルは日本について、ヨーロッパとは違った奇異な国として興味関心を抱いていたように思われます。

この日は土山で一泊しています。一日で大津から土山に至る十二里余の強行軍でした。その後も旅を急ぎ、三月一三日に江戸に到着しています。

帰途は江戸を四月五日に発ち、五月七日に長崎に帰着しています。また翌年もほぼ同じ日程で長崎・江戸間を往復していますが、これらの記述は比較的簡単です。

各地で文人と交流し鋭く観察

シーボルト

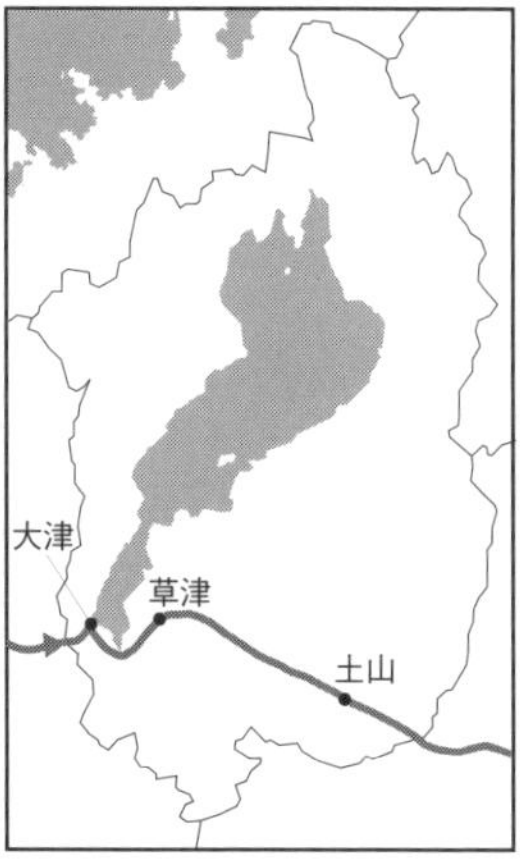

■「日本」の科学的解明に努力

長崎の出島は鎖国をしていた日本の西洋への窓口でした。一方、この出島にオランダ商館の医師として来日したシーボルトや先に取り上げたケンペルには、日本国内の詳細な旅行記録等があり、日本を西洋に紹介する上で非常に大きな役割を果たしています。シーボルトは一八二六年にオランダ商館長に随行して、長崎・江戸間を東海道経由で往復しています。その時の紀行文『江戸参府紀行』により、彼が近江路で何を見たか、何を感じたか、跡付けてみたいと思います。

先に紹介したケンペルは、日本を珍しい国として驚きをもって眺めているのに対して、その約百三十年後のシーボルトの時代には、ヨーロッパ人の日本に関する知見の広がりもあり、彼は日本のヨーロッパとの相違点に興味を示し、それを科学的に明らかにすることに努めていたように思います。

■「牛車はたいへん不格好」

二月一五日に長崎を出発。三月二五日（旧暦一月九日）に京都から近江に入り、大津港から京都へ米を運ぶ沢山の牛車に出会っています。「車はたいへん不格好で車輪は非常に丈が高く幅も広く、牛がひいている」と記述しています。ヨーロッパの馬車と比較しての感想でしょう。大津では琵琶湖を目にし、少し寒い中「湖上に突き出している見晴し台からすてきな景色」を楽しんでいます。この日は草津宿まで行き、泊まっています。

三月二六日草津を発ち、まもなく梅ノ木村（栗東市）に至ります。ここは草津宿と石部宿の間にある間《あい》の宿で、その中でも大角家《おおすみ》は「和中散」など製薬販売を業とし、立派な建前で、大名などが休憩する本陣のような役割も果たしていました。現在この屋敷全体が重要文化財に指定されています。

■植物の話題で交流

ところで、シーボルトはこの家の「たいへん心地よい東屋」で休憩しています。そして神教丸、万金丹、万天油などの薬を買い求めていますが、この店のもっとも評判の良い主力商品は胃痛や頭痛に効く妙薬「和中散」です。彼は科学者らしく、作業場で大きな木製の歯車で石臼を回す製薬機械や薬の原料を入れた俵を注意深く眺め、この妙薬「和中散」の主成分がセンブリとダイダイの乾かしたものであることを目ざとく見つけています。

また「植物愛好家」であるこの店の主人と日本の珍しい植物のことで話がはずみ、それらを採取して長崎に送ってほしいと依頼しています。そして江戸からの帰途、五月三一日にまたこの店に立ち寄り、長崎へ送られた植物の目録を受け取っています。さらにこの地方で植物学者として知られていた隣村の僧侶を訪ね、スイレン、ウド、モクタチバナなど珍しい植物が育っている庭園を観察させてもらっています。この僧侶は川辺村《かわづら》（栗東市）善性寺《ぜんしょう》の僧堀江恵教であったことがわかっています。

■瓦の製造を見学

梅ノ木から石部へ向かう沿道では、「三宝《さんぼう》荒神《こうじん》」と呼ぶ三人乗りの馬を見て、シーボルトは「ヨーロッパの婦人の喝采を博するだろう」と感想を述べています。水口で昼食後、大野（旧土山町、甲賀市）では赤いバラ色の羽を持ったトキの剥製を購入しています。当時トキはその辺りの田畑によく姿を見せたといいます。この日は土山宿で宿泊。

シーボルト一行は二月一五日に長崎を出て江戸へ着いたのは四月一〇日。江戸では

大角家庭園

将軍等への献上品の贈呈が正式業務ですが、その他に多くの蘭学者等と会い、医学や天文学についての交流を重ね、五月一八日に江戸を発ち帰途につきます。五月三〇日に近江の石部で一泊。翌日は草津で売っている竹の根で作った杖や鞭《むち》の作り方に興味を示し、また大津では日本式の瓦の製造過程を見学し、詳しく記録に留めるとともに、ヨーロッパの瓦の製法と比較しています。この日は大津宿で泊まります。

以後、京都や大坂にも数日ずつ滞在し、この間に、蘭学者と交流したり名所等の見学をしたりして、日本に関する多くの情報を得て、七月七日（旧暦六月三日）に出島に帰着しています。百四十三日間の旅行でした。

自前の駕籠で日本文化を体験

アーネスト・サトウ

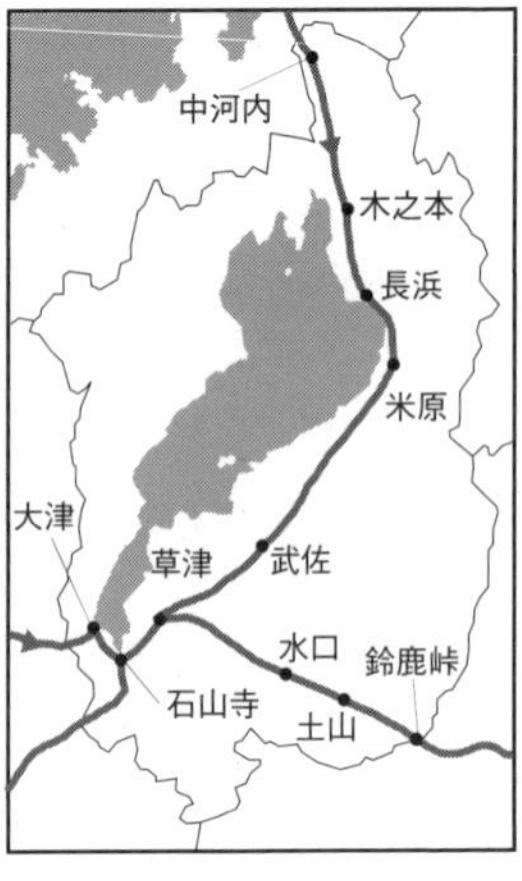

■大坂から江戸への途中、近江へ

アーネスト・サトウは幕末から明治維新に日本で活躍したイギリスの外交官です。日本語にきわめて堪能で、幅広い日本人との接触により、豊富な情報を入手して、イギリスが、新しい政府の樹立を目指す対日政策を作り上げる上で大きな役割を果たしたといわれています。

彼は文久元（一八六一）年一一月、日本に向かって旅立った日から亡くなるまで、実に六十五年にわたって日記を書いていました。この日記は萩原延壽著『遠い崖――アーネスト・

サトウの日記抄』に紹介されています。また彼にはこの日記をもとにした『一外交官の見た明治維新』という著書があります。これらには日本各地の旅行記録がいくつか見られ、そのうち、まず慶応三（一八六七）年の大坂から江戸への旅行について紹介します。

■日本人の様子を生き生きと描写

この年五月、サトウとイギリスの通信社の記者で絵のうまいワーグマンは、公使パークスに随行して大坂に来ていました。ところが、パークスが敦賀へ向けて出発してしまったため、随行の任務からは解放され、気楽な気分で「貪欲な好奇心と冒険心」に胸をふくらませて、また「軍艦内の嫌悪の情」から逃れるため、陸路を選んで、大坂で引戸駕籠《ひきどかご》を購入して江戸へ向かうことになりました。外国奉行配下の役人二名と外国人警護衛専門の別手組から十名が付き添っていたとはいえ、比較的自由な旅であり、外国人の目で見た当時の日本と、外国人を見る当時の日本人の様子が生き生きと描写されています。

五月一八日大坂を出発、川船で翌朝伏見に着き、それより陸路を近江へ、大津で昼食、膳所を過ぎた辺りから駕籠から降り草津へ向かいます。草津宿に近づくと外国人を珍しがって集まる群集を避けて駕籠に乗り、盛り砂のある門柱をくぐって本陣の広い玄関に降り立ちました。サトウはこの本陣について「私がこれまでに見た最も立派な建物であった」と絶賛しているので、その概略を引用します。

■草津宿本陣を絶賛

「上等の木目のある木材」、「落ち着いた色合いの壁」、「金箔仕上げの風雅な紙に漆塗りの木枠の引き戸」、「青々とした堅牢な厚畳」、とそのすばらしさを描写し、一方「一番大切な部屋は広さわずか十二フィート（約三・六六メートル）四方」、「床が他の部屋より六インチ（十五・二四センチ）ほど」

現存している草津宿の田中七左衛門本陣跡

高く「窓からは無愛想な黒板塀に取り囲まれた狭い庭が見えるだけ」と上段の間を説明し、偉い人は、「見てもいけないし、見られてもいけない」ものかと感想を述べています。

宿の亭主は「低い物腰で」「額を敷居にすり付け」茶代の礼を述べたりする。「浴室へ行くとすこぶる控え目な若い娘にお背中流させて頂きましょうか」と聞かれて、断っています。晩飯の時、宿の衆は「我々が米の飯を食べるのを見てびっくりしていた」。寝る時に座敷女中が「火鉢とお茶の瓶を蚊帳の中に置き」「オヤスミナサイと言った」等々宿の対応ぶりを記述しています。（草津宿街道交流館の八杉淳氏によるとこの本陣は二軒あった草津宿の本陣のうち、現存していない田中九蔵本陣の方であったとのこと。）

■「大名になった気分」と…

翌二〇日は午前中、梅ノ木村（栗東市）と石部宿で小休、水口宿の本陣の上段の間で豪勢な昼食を食べ「大名になった気分」だったといいます。午後は大野と前野（共に旧土山町、甲賀市）で小休止、この日は土山宿で泊まっています。この日も身分の高い人の旅行の通例にならい昼食休憩の他に、午前と午後に小休憩をとっていますが、気楽な旅のこととて、前野では数種類の茶を試し飲みするなど高貴な人にはあるまじき行為もしています。

また道中多くの家に「諸事節約」と漢字で書いた張り紙があったので、土山で女中にその意味を尋ねたりもしています。またワーグマンは似顔絵を描いて宿の人に分けてやったりして人気を博してきましたが、若い女性は恥ずかしがってなかなか近寄ってきません。これは「偉い人々にはそれぞれお供の者が付いているので、普通の場合、女中などが上段の間に近づくことを許さないからだ」ということを聞き、サトウ一行が、この旅で大名並みの「高い身分に成り上がっていること」を今更ながら後悔し、「大名が始終人前で品行方正に」していなければならないことに同情を禁じ得ないと述べています。

■江戸幕府崩壊直前の旅路

慶応三（一八六七）年七月から八月にかけてイギリス公使パークスとその配下のサトウとミッドフォードは、軍艦で函館、新潟、佐渡、七尾（石川県）とめまぐるしい動きを示しています。そして八月一〇日になり、サトウとミッドフォードはパークスと別れ、七尾から陸路で大坂に向かうことになり、二人はそれぞれの従者一人を連れ、二十名の加賀藩士の護衛をうけて朝八時半に七尾を出発しました。

サトウらにとって当初、この旅は上司のパークスからも幕府の役人からも解放されて日本の未知の地方が冒険できると期待に満ちた旅でした。この旅の、特に近江路における様子を萩原延壽著『遠い崖――アーネスト・サトウの日記抄』とサトウの『一外交官の見た明治維新』により跡付けてみたいと思います。

■越前から彦根藩領へ

慶応三（一八六七）年八月一〇日に七尾を発って、金沢、福井、今庄を経て、八月一七日に栃ノ木峠を越え近江国に入っています。「栃ノ木峠を上る。美しい渓谷である。頂上は越前・彦根二藩の境界で、茶店がある。ここで井伊掃部頭《かもんのかみ》配下の護衛の出迎えを受け、無礼な越前の護衛と別れる」とあります。

「無礼な越前の護衛云々」から、最初の加賀藩に比べて、越前藩の護衛の待遇が非常に悪かったので、その越前藩領を越え、彦根藩領に入ってほっとしている様子がうかがわれます。「越前の役人がなぜ懇切を欠いたのか」、これは「当時越前藩が立脚していた困難な立場が起因し

栃ノ木峠から移築され現在は余呉湖畔にある茶屋の建物

ていたのであろう」と外交官らしい分析を行っています。

栃ノ木峠を越えたアーネスト・サトウの一行は、中河内で一泊しています。「小さな村だが良い宿屋がある」と言いながら、一方では「ここには米の飯を食べ、茶を飲む以外に口にするものがない」「普通の年は蚊が出ないそうだが、そのため、蚊帳を手に入れるのに一苦労した」と述べています。高冷地の寒村での宿泊の様子がうかがわれます。

■長浜では「外国人に無関心」

八月一八日、中河内から椿坂峠、柳ヶ瀬、木之本を経て長浜に至り、一泊します。

その夜は、蚊に相当悩まされたらしく、「ここの蚊は口に銃剣をくわえた猛獣のように刺してくる」と書いています。前日、例年なら蚊がいない中河内でも蚊が出ていたほどですから、長浜では大きな蚊に悩まされるのは当然でしょう。

長浜に関して注目されるのは、「住民は外国人を珍しがらず、我々の歓待などには一向に無関心であった」ことです。これは「この五月、敦賀からの帰りに、パークスが随員とともにここに立ち寄った。そのため外国人に慣れていて、我々のことを一向に気にとめない」とその理由が説明されています。

さらに、もう一つ長浜で特筆すべきことは、幕府の役人が外国人警備兵（別手組《べって》）十八名を連れて長浜に到着しており、彼らがサトウ一行を警護の名のもとに監視するようになり、これまでのような気楽な旅が続けられなくなったことです。「今や残りの旅を早くすませたい気持ちでいっぱいになり、できるだけ先を急ぐことにした」と述べています。

■草津宿で「事件」

翌日は先を急ぎ、高宮で昼食、武佐で宿泊。この間、彦根藩の護衛は引き上げ、幕府の役人のみによる警護となり、待遇も悪くなります。

そして翌日、草津宿で激しい対立が起きます。当時幕府は、サトウらが京都に入ることを非常に警戒していました。そのため、京都に通じる大津も通行させまいとして、幕府側は二人の若手役人を派遣して石山寺見学を勧め、そのまま瀬田川沿いを宇治経由で大坂に行くように提案。サトウの一行が京都に入り、攘夷勢力との間に衝突が起こることを避けようとした幕府側役人との間で、夜を徹して激しい交渉が行われました。

サトウらは、石山寺見学が口実であることを見抜き、長時間の交渉の上、幕府役人に「去る五月にパークスが大津を通過した時、京都で大きな混乱が起こったので、今度はどうか宇治経由で行ってもらいたい」という懇願の文書を出させて、宇治経由を承諾。翌二一日朝草津を出発、瀬田から伏見へ出て、夜船で大坂に向かいました。この紀行文には、随所に幕府役人の緊張、困惑ぶりがみられます。このあと約二ヵ月半で江戸幕府は崩壊します。

琵琶湖を洞庭湖と並べ称える

申維翰

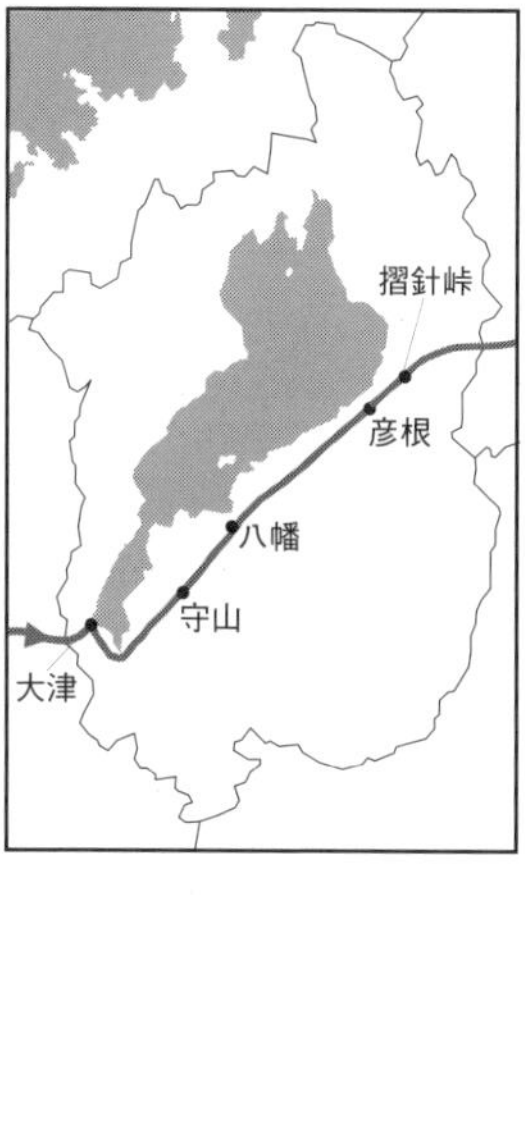

■四百人もの外交使節団

朝鮮通信使とは朝鮮との信《よしみ》を通じる使節のことで江戸時代、将軍の代替わりなどの慶事に朝鮮国王から正式な外交使節として派遣されました。豊臣秀吉の朝鮮出兵による国交断絶を回復して、慶長一二（一六〇七）年から派遣が始まり、文化八（一八一一）年までに十二回来日しました。使節団の規模は団長である正使をはじめ約四百人前後で、その中には朝鮮有数の文化人がいて、当時の日本に与えた文化的影響も大きいといわれています。

享保四（一七一九）年に徳川吉宗の将軍就任を賀して来日した九回目の通信使一行において、製述官（文書の起草や日本の文人との交流にあたる役職）を務めた申維翰《シンユハン》は『海游録』という紀行文を残しています。その中で、彼が日本を、そして近江路で何を見たか、どう感じたのかを紹介しましょう。

■琵琶湖の景色を賞賛

この一行は享保四（一七一九）年四月一一日にソウルを発ち、まず対馬で歓迎を受けています。この時、応接の役を果たしたのが近江出身の雨森芳洲《あめのもりほうしゅう》です。九月には江戸に着き、二週間余り滞在して、翌年の一月二四日に帰着しています。実に二百六十一日間の長旅です。

往路では、九月一二日に京都から大津に入り、正使が病気のため、休憩予定だった本長寺で臨時に一泊、翌一三日朝、琵琶湖の美しい雄大な景色を目にして、中国で古来有名な岳陽楼から眺めた洞庭湖の景色と比べても優劣付けがたいだろうと賞賛しています。この日は東海道から中山道に入り、守山の東門院で泊まっています。この寺は毎回の通信使の宿泊所になっていました。

次の一四日、守山を出て、小篠原（野洲市）で中山道から分かれ、八幡を経て彦根に至る朝鮮人街道に入ります。この道は徳川家康が関ヶ原合戦で勝利し上洛する際に通った吉例の道であり、幕府にとって大切な外交使節であった朝鮮通信使往還の専用道としたことから、この街道名が生まれたといわれています。昼食休憩した八幡の西本願寺八幡別院で申維翰は「寺は甚だ広大で、その庭は前方に池があり、奇石や美しい草花の間に紅色の花を咲かせている。秋の暮れというのに奇異なことだ」と感想を述べています。

■彦根では盛大な接待が

この日は彦根で一泊します。彦根について、土地は豊饒で人々の生活全般が贅沢であり、壕の周りに並ぶ町屋のきれいなることは「画中の景」のごとくであると記しています。また宿舎に充てられた宗安寺の待遇は非常に良かったと褒めています。

そして夜は近辺の僧侶や文人が面会を求めて多く集まり、詩文の唱酬《しょうしゅう》が遅くまで続きました。筆談で競って問答を交わしたり、書を求めたりする者も多く、彼は役目がら夜を徹してそれに応じています。朝鮮通信使と近辺の文人達の詩文の唱和は各地の宿舎でも行われており、一般

彦根市宗安寺黒門（手前）と赤門

庶民を含めて日本人が朝鮮の文化を学ぶ貴重な機会になっていました。特に彦根地方は「其民文辞を好む」「文華を喜ぶこと他州に倍す」という状況だと記しています。

ところで、宗安寺には立派な朱塗りの山門（赤門）と小さな黒門（唐人門）があります。この黒門は当寺を宿舎にした朝鮮通信使の通用門であったと『彦根市史』にも記されています。これは日本人の朝鮮に対する見方が変化した明治以降の俗説と思われます。実際は通信使のごちそうの肉類を運び入れるために作られた門のようです。

彦根藩の通信使一行の接待に対する力の入れようは並大抵ではなく、例えばその通行に必要な馬千五十疋、人夫三千七百五十六人を近江一円はもちろんのこと伊勢、美濃、越前方面からも集めました（『近江愛知郡志』）。これは庶民の大きな負担でもありましたが、一方、庶民の間にも通信使に対する羨望や交流の欲求は強かったようです（『近江八幡の歴史』）。

帰途、一〇月二七日には摺針峠を通り、当時存在していた望湖亭（一九九一年に焼失）で、正徳元（一七一一）年の通信使が書いた書に目を留め、また琵琶湖の雄大な景色を観賞し、「心が爽やかになる気持ちだ」と記述しています。

5 物語に登場する近江路

「身を浮船の浮沈み」と悲壮感

『太平記』日野俊基

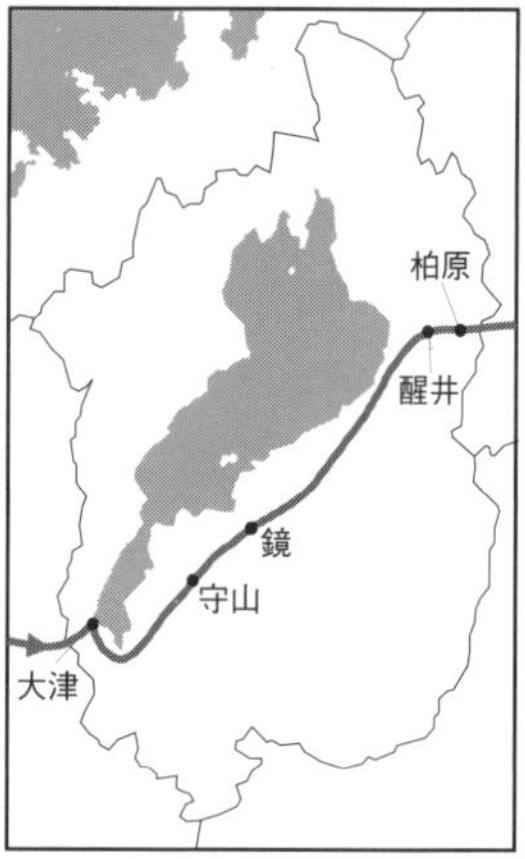

■倒幕計画失敗で鎌倉へ護送

「落花の雪に踏迷ふ、片野の春の桜がり。紅葉の錦を衣《き》て帰《かえる》、嵐の山の秋の暮れ…」これは『太平記』の「俊基朝臣《としもとあそん》再《ふたたび》関東下向《げこうの》事」で、愛誦する人も多い口調のよい名文です。俊基朝臣（日野俊基）は後醍醐天皇の近臣で、天皇の幕府打倒の計画に参画し、正中元（一三二四）年の倒幕計画失敗の時は許されましたが、元弘元（一三三一）年、再び後醍醐天皇の倒幕計画に中心人物として参画しました。これも露見して捕えられ、鎌倉へ送られることになり、同年七月一一日に京を発ちました。俊基は、二度とは都へ帰れないと、覚悟の上での旅でした。その時の様子を流麗な文章でつづったのが『関東下向事』です。

近江路通過の部分も、近江の有名な地名（歌枕）を用いて沿道の風景や旅情が掛詞や縁語（歌で用いる縁のある言葉）を多用した七五調の美文で記述されています。その一部を紹介します。

■掛詞や縁語を多用

逢坂の関から大津の打出浜にかけては、

憂きをば留《とめ》ぬ相坂の、関の清水に袖濡れて、末は山路を打出の浜

と、人は留めても悲しい気持ちは止めてくれない逢坂の関では、清水や涙で袖を濡らして山路を出ると打出浜に至ると記されており、「山路を出る」と「打出の浜」は掛詞です。

琵琶湖については、

沖を遙に見渡せば、塩ならぬ海にこがれ行く、身を浮船の浮沈《うきしず》み…、行向人《ゆきかう》に近江路や

と、沖を遙かに見渡して、舟が波間に浮き沈みするのを我が身の浮沈とくらべています。「こがれ」には「漕がれ」と「焦がれ」が掛けられており、「浮き」には「憂き」が掛けられています。

また、行き交う人に会うと近江（あふみ）も掛詞です。なお、「焦がれ」は塩を焼く意から塩の縁語です。

守山や篠原では、

時雨もいたく　森山の、木下露《このしたつゆ》に袖濡れて、風に露散る篠原や

と、時雨の降る守山では木々から漏れる露と涙で袖を濡らして、風に露散る篠原を進むと描かれており、「守山」の「もり」と「漏れる」が掛詞になっており、また「露散る」は篠の縁語です。

鏡山から老蘇にかけては、

鏡の山は有《あり》とても、泪《なみだ》に曇《くもり》て見へ分《わ》かず

物を思へば夜間《よのま》にも、老蘇《おいその》森の下草に、駒を止《とど》めて顧る

とあり、ものを映す鏡の山だが涙でよく見えない。物思いに沈むと一夜で老いるという老蘇森に馬を止めて、二度とは戻れない都の方を顧みる。「老い」と「老蘇」は掛詞になっています。

このあと俊基護送の一行は「番場、醒井、柏原」の各宿を経て美濃国に入り、七月二六日に鎌倉に到着しています。

■道中のつらさが切々と

これらの文章には、多くの有名な古歌がふまえられており、その連想から「憂い」「涙」「哀れ」「物思い」などの心情を想起させ、道中における俊基の悲しさ、つらさが切々と読む者の胸に迫ってくるように書かれています。しかし古歌の知識に乏しい我々現代人にとっては、その良さが充分には理解できないのではないでしょうか。

日野俊基は結局、翌元弘二（一三三二）年六月三日、鎌倉で処刑され

北畠具行の墓

ました。『太平記』には斬首の直前、家来の一人が俊基の奥方の手紙を持って現れ、しばしの別れを惜しむという悲話も載せています。

この倒幕計画の失敗で、後醍醐天皇は隠岐へ流され、日野俊基以外にも多くの近臣が処刑されています。北畠具行《ともゆき》もその一人で、鎌倉へ護送の途中、元弘二年六月一九日に近江の柏原（米原市）で斬首されています。

『太平記』によると具行の最期について、この日の暮れ方、具行の輿を街道筋から西に入った山際の松林の中に下ろし、具行が敷物の上で辞世を書き終えて座り直すと、刀を持った田児六郎左衛門が後ろへ回った瞬間、早くも首は前に落ちていた。そのはかなさは言葉では言い尽くせないと、その様子が具体的に描写されています。現在、処刑が実施されたと思われる場所近くに、立派な墓が立っています。処刑にあたった田児六郎左衛門が冥福を祈って十六年後に建立したものと伝えられています。

鎌倉へ退却途上で全員自刃

『太平記』北条仲時

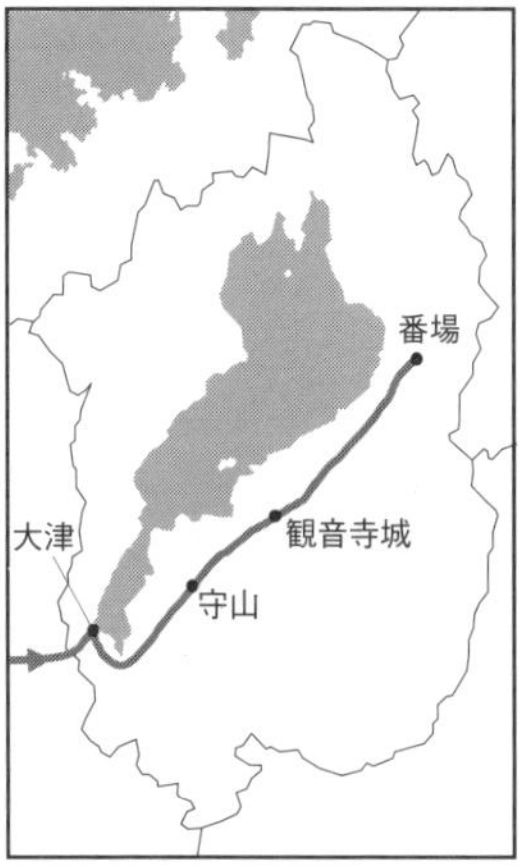

■足利軍の攻撃をうけ鎌倉へ脱出はかる

後醍醐天皇による二度にわたる鎌倉幕府打倒の計画は失敗に終わりましたが、このころ執権北条高時を中心とする幕府の腐敗した専制政治に不満を抱いている武士が多く、後醍醐天皇やその皇子の一連の動きに刺激されて、楠木正成をはじめ各地で武士が倒幕に立ち上がりました。これを鎮圧するために北条高時は鎌倉幕府の有力者である足利高氏（のち尊氏）を大将軍として京に派遣しました。

ところが、早くから北条高時に不満を感じていた足利高氏はこの機会に北条氏を打倒しようと決意し、こともあろうに、京都における幕府の出先機関である六波羅探題を攻撃しました。元弘三（一三三三）年五月七日のことです。六波羅探題は北方と南方の両府に分かれており、当時、北条仲時が北方、北条時益《ときます》が南方のそれぞれ長の任にありました。思いもよらず、足利高氏軍の攻撃を受けた六波羅探題軍は戦いに敗れ、両人一行は鎌倉へ逃げ帰るべく、同日夜、京都からの脱出をはかりました。

■番場辻堂で四百三十余人が切腹

一行は落武者をねらう山賊、野武士などの攻撃にさらされながら、鎌倉を目指して進みますが、時益は早くも、山科付近で流れ矢にあたって討ち死にします。残った仲時を中心とする一行は瀬田の大橋を渡り、野路の辺りまで来たところで夜が明けました。守山付近の沿道では、待ち伏せしていた野武士らが襲いかかり、討ち取られ、傷つけられる者が次々に出て、京を発った時には約二千騎であったのが七百騎足らずになっていました。この日は近江の守護佐々木時信の観音寺城で宿をとりました。

翌九日、仲時は糟谷《かすや》三郎を先陣に、佐々木時信を後陣に配して、愛知川、四十九院、日夏、小野などの付近に潜む野武士と戦いながら進みましたが、番場の手前の摺針峠にさしかかると数千の敵勢が盾を並べ、矢先を揃えて待ちかまえていました。先陣の糟谷三郎は一度はその一部を蹴散らしますが、それ以上進むことは不可能と考え、仲時と相談し、一行はひとまず番場の辻堂（蓮華寺）に入り、後陣の佐々木時信が来るのを待ちました。ところがなかなか到着しません。実は時信は「仲時一行が番場で野武士に取り囲まれ全滅した」との虚報を信じて引き返してしまったのです。夕方まで待って時信が来ないことを知った仲時は「今となってはどうしようもない」と真っ先に切腹。それに続いて四百三十余人が次々と腹を切り、『太平記』は「血が人々の身を浸し、死骸がみち溢れて、屠所の肉塊と異ならない」と番場の辻堂境内の惨状を描写しています。五月九日酉の刻（午後六時ごろ）のことです。

番場辻堂の当時の住持同阿は過去帳に討死者の姓名を記し、その菩提を弔いました。この過去帳は『紙本墨書陸波羅南北過去帳』として、現在、国の重要文化財に指定されています。これには当地で自刃した四百三十余名全員の名が記されているように受け止められる記述をよく見かけますが、実際は姓名の判明した百八十九名の俗名と法名が記されています。年齢の注記をみると最年長が六十四歳、最年少は実に十四歳の少年です。

■蓮華寺内に従士の墓地

なお、現在、蓮華寺境内には「北条仲時公従士四百三十余名の墓」という墓地があります。山の斜面を利用して五輪の塔が三段にびっしりと並んでいます。この墓石について、当時からのもののような説明をよく見かけますが、その多くは室町時代の一石五輪塔で、六波羅関係者の墓石として造られたとするには無理があるように思います。しかし江戸時代の文化二（一八〇五）年発行の『木曽路名所図会』には、本堂の右手、山の斜面に階段状に墓石群が描かれており「北条従

米原市蓮華寺境内の墓石群

士四百余人墓」と注記されています。現在とは位置が違いますが、当時境内に存在する多くの墓石が北条仲時の従士の墓と考えられていたことがうかがわれます。蓮華寺境内に存在する多くの墓石群が現在のように整備されたのは明治の中ごろのことです。以後今日まで北条仲時公従士の墓として大切に維持されております。

また、仲時自身の墓石は、もとは従士と同じく境内にあったようですが、『近江坂田郡志』によると、享保年間に、当地の領主であった井伊氏の命により街道をはさんで向かい側（西側）の山嶺に移され、このためその山を六波羅山と呼ぶようになったということです。現在も六波羅山には仲時の墓石と思われる大型の五輪塔が存在しています。

狂歌で編む愉快な中山道

十返舎一九

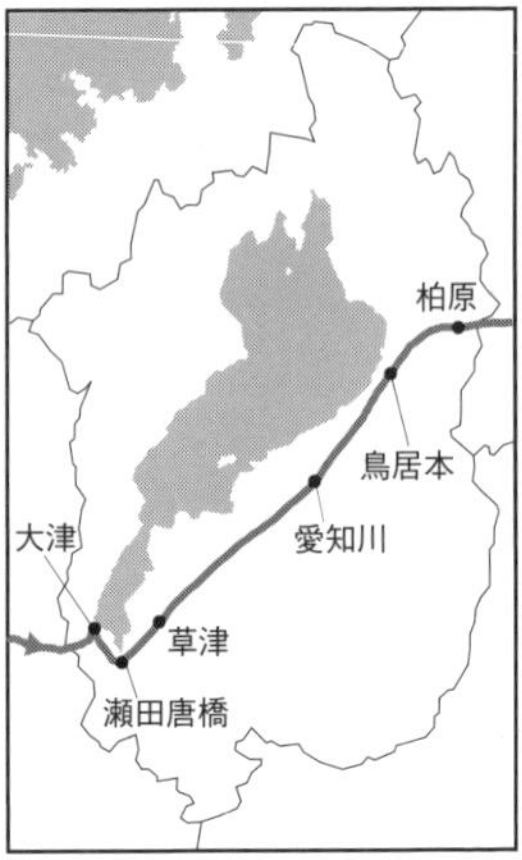

■三泊四日で近江を通過

滑稽本作家十返舎一九《じっぺんしゃいっく》の『東海道中膝栗毛《ひざくりげ》』といえば、よく知られているように、弥次郎兵衛と北八（喜多八）という二人ののんきな男が滑稽な失敗を繰り返しながら東海道を旅する愉快な物語です。

東海道は近江国内を通過しており、土山、水口、石部等の宿駅がありますが、弥次さん北さんはこれらの宿駅を通っていません。途中から東海道を離れお伊勢参りをした後、京、大坂見物をしたところで『東海道中膝栗毛』は終わっています。最初に江戸から箱根関までの初編が出版されたのが享和二（一八〇二）年、予想外に人気が高まり次々に書き継がれて、大坂見物の八編が出版されたのは文化六（一八〇九）年のことです。

その後も続編の要望が強く、書名を『続膝栗毛』と改めて、金比羅さんや宮島に参詣し、帰途につき、中山道を通り、途中、横道して善光寺や草津温泉に立ち寄り、出立から二十一年後の文政五（一八二二）年に江戸に帰り着いたことになっています。

弥次さん、北さんが大津、草津経由で近江の中山道を通るのは文化九（一八一二）年に刊行された『続膝栗毛』の第三編においてです。多くの滑稽な失敗を繰り返しながら三泊四日かけて近江を通り抜けたことになっています。

近江での、まず最初の大きな失敗は、膳所を過ぎた辺りで起こります。前を歩いていた子供がカラリンと紙包みを落とします。弥次さんは人に見つからないように、それをさっと拾い上げ、「小判だ！」と喜びます。まもなく瀬田の町並みに入ると茶屋の女が「これへお入りな、名物の蜆汁に鰻の付け焼き、鮒のお刺身もござります」と声を掛けてきます。早速二人でその店に上がり、酒や蒲焼を豪勢に注文し、給仕に出た女中に、いやに大きな尻《けつ》だな等とからかいながら、たらふく飲み食いします。そして支払いの時、先に拾った紙包みを出したところ、中から「勢田村雀屋忠兵衛倅忠吉」と書かれた金属製の迷子札が出てきました。店の主人から「これは先ほどうちの倅が落として探していた物、拾って頂いて忝《かたじけ》ない」とお礼を言われる始末。結局この店では、飲食代として六百七十文を払います。当時、一泊二食付きの旅籠代一人二百文程度ですので、とんだ大出費となりましたが、次のような狂歌をつくり失敗を笑い飛ばしています。

拾いもの　せしかはりとて　無駄な銭　捨てしは欲に　迷い子の札

■比良下ろしで川が通行止め

大津から雨が降る道を歩き、草津の姥が餅屋に至ります。ここで「この雨はいつ止む?」と尋ねると「根わたしの吹くうちは降ります」とのこと。「根わたし」は比良下ろしのことで当時、琵琶湖の船乗りの間で方言的に使われていました。結局大水で守山付近の川が通行止めになったというのでこの日は草津で泊まります。

色白の美人の宿引きの甘い言葉にのせられて、とある旅籠に入ります。「サアおみ足を洗いなされ、お日和が悪る御座いますさかい、さど御難儀なされたじゃろ、お脚絆は洗わせましょう」などと旅籠の店頭風景がよく描写されています。風呂では「モシおぬるうは御座いません

草津市の鞭崎八幡宮表門

かいな」という女中の声に、弥次さんは「少し焚いてくんなせえ」「おめへの様な美しい人に焚いてもらうと、此の体が横ちょへつん曲がる…」などと女中をからかっています。女中は「ヲホホホ、じゃらじゃらした事を仰るわいな」と応じています。

この夜、旅籠の主人から、川止めが続くので、明日は矢橋の鞭崎《むちざき》八幡の祭礼に案内しましょうと誘われます。ところが二人とも宿引きの女中のことが頭から離れません。翌日は宿の主人と相棒が鞭崎八幡へ行って不在の間に、自分だけがその女性と一時を過ごしたいと別々にひそかに計略し、翌朝弥次さんは自分だけ残りたいためにに仮病で頭痛がすると言い出します。一方、北八も思惑は同じでわざと階段（箱ばしご）から落ち、腰が痛いと言い出します。ところが腰の打ち方が強かったために、しばらく立ち上がれなくなります。医者を招くやら、祈祷師を呼ぶやら、大騒ぎになり、二人のよこしまな計略は失敗に終わります。その時の狂歌、

うき恋の 病つくりし 狂言に どっと落ちくる 箱ばしごから

十返舎一九の『膝栗毛』は、各地の名物や風俗、方言などが軽妙な笑いを交えながら巧みに描かれているため人気を集めました。所々にみられる下品で助平な話、場合によっては度を超したあくどい悪ふざけが、かえって庶民の根強い人気のもとになっているとの指摘もあります。しかし、今日から見れば、物語とはいえ当時の庶民社会を伝える貴重な文献であるといえます。

■名所旧跡には興味示さず　清水鼻の茗荷料理

大水で川止めの際、水がひき最初に通るのは幕府の継飛脚が運ぶ御状箱でした。「只今川が明き、ご状箱がとおりました」という連絡で、朝から草津宿に足止めされていた弥次さん北さんは、早速支度をして、昼ごろ出立します。守山・武佐と道を急ぎますが、愛知川宿の手前、

間《あい》の宿の清水鼻で日が暮れます。

正規の宿駅でないため、まともな旅籠とてなく、汚い木賃宿に泊まることにします。その家の主から道中で恵んで貰った米があるなら自分で飯炊きなされ等と、乞食旅人扱いされます。この言葉が頭にきた弥次さんは、機会があれば江戸っ子の見栄をはろうと用意していた石ころを紙に包み、大金と見せかけた物を取り出し、不用心だからこれを一晩、宿で預かってほしいと頼み、釣り仏壇の中に預かってもらいます。

『続膝栗毛』の清水鼻部分のさし絵

出された夕食は縁が欠けた汚い椀に盛られた茗荷《みょうが》づくしの料理。主は「此処は茗荷が名物で、その初物を御馳走に焚いたのじゃわ」とのこと。実は、仏壇に預かっている紙包みを忘れさせようとの算段。二人はあまりの汚さに夜よく眠れずに、朝食もそこそこに、例の包みは持ったが、肝心の宿賃を払うのを忘れて取り急ぎ出立してしまいました。弥次さんは、こいつは愉快と腹をよじらせて笑い、次の狂歌を詠んでいます。

宿賃を 忘れて来しは 名物の 冥加至極の 仕合わせ仕合わせ

愛知川を越えたところで丁稚に風呂敷包みを持たせた六十歳余りの商人に出会い、「モシ、お前方お江戸じゃな」、「わし共の方から皆江戸に店を出しているが、江戸は銭金がたくさんある所だそうな」等と話しかけられます。作者の十返舎一九は当時江戸に店を出し、産をなしている近江商人のことを知っていて、作中で話題として使ったものと思われます。

■高宮宿での椿事

高宮宿にさしかかるところで、「ネイ、わしは高宮のえびす屋で御座ります。名物の高宮嶋、さらし、布類御用なら私の所でこうて下さりませ」と話しかけてくる十四、五歳の少年に出会います。弥次さんは金はないが「業さらし」を持っている、売ってやろうかと少年をからかいます。そして次の一首を詠みます。

買いもせず 名物の名の たかみやに 恥をさらして 通るうき旅

この狂歌を耳にした通りがかりの親父が感心して「お前方はなかなか話せる衆じゃ」と意気投合して、近くの茶屋に誘います。その店には、たまたまこの親父と顔なじみの僧侶も来ており、どじょう汁を肴に一緒に親父の持ってきた酒を飲みます。その酒は立派な黒塗りの竹筒に入っていました。僧侶がそれはどうしたのかと聞くと、京都の古道具屋で安く買ったとのこと。それを知った僧侶は「その竹筒は京都の公家が儀式の時にそっと小便をする吹筒だ」と言い出し、みんなびっくり仰天、弥次さん北さんも「それは汚ねえゲエイ、ゲエイ」「とんだめにあわせた」と怒りだし、腹立ち紛れに一首。

胸わるや 公家衆のしたる 小便とうってかはった 酒は吹筒

それより鳥居本宿に至り、名物の赤玉神教丸について次の一首。

諸々の 病の毒を 消すとかや この赤玉も 珊瑚珠の色

■摺針峠でも狂歌

続いて摺針峠にさしかかると、眼下の湖の景色に心を奪われ、弥次さんがまず

遠目鏡 よりもまさらん 摺針の 穴よりや見る 海の景色

と詠み、鼻紙に書いて名物摺針餅で近くの柱に貼り付けます。これをそばで見ていた隠居風の男が、北八にも一首勧めると

名物の　砂糖餅より唐崎に　雨気もなくて　晴れわたる湖

と詠みます。隠居は「貴公方はよほどの狂歌詠みじゃ、見たとこが江戸の衆じゃな」と感心して、狂歌士名を問うと、弥次さんは「江戸の三陀羅の社中で、あんだらと申しやす」と出まかせにめちゃめちゃ答えています。

この隠居、実は次の宿、番場の脇本陣の主人で、二人は招かれ、立派な家で一泊しますが、座敷での生け花や、茶室の所作では要領がわからず恥を重ねます。次の醒井宿では氏神の祭礼で行われた田舎芝居の会場に狐が飛び出す大騒動を見て、また狂歌を一首詠み、柏原宿を経て美濃へと向かいます。

十返舎一九は伝統的な紀行文に見る名所旧跡にはほとんど興味を示していません。代わりに各地の名物を多く取り上げて、関連して多くの狂歌を詠んでいます。これが従来の道中記とちがう『膝栗毛』の特色といえましょう。

（おわり）

本稿は、『滋賀民報』に二〇〇七年一月七日号から同年一二月二三日号までの四十四回にわたり連載されたものを、再構成してまとめたものです。

参考文献（原則として本文項目順に関連参考文献を並べています。）

・谷川健一他編集『日本庶民生活史料集成　第二巻』三一書房　一九六九年　所収 司馬江漢著『江漢西遊日記』
・江頭恒治著『近江商人中井家の研究』雄山閣　一九六五年
・日本随筆大成編輯部編『日本随筆大成＜第一期＞1』吉川弘文館　一九七五年　所収 滝沢馬琴著『羇旅漫録』
・草津市史編さん委員会編集『草津市史　第五巻』第二章47、第五章17・48　一九九〇年
・山田正子編著『信州文人の旅—山田松齋　宝善堂紀行・参宮紀行—』龍鳳書房　二〇〇一年
・松浦静山著 中村幸彦・中野三敏校訂『甲子夜話続篇七』平凡社　一九八一年
・笠原白翁著『戦兢録』（福井市立郷土歴史博物館史料叢書六）一九八九年
・福井市編集発行『福井市史』資料編五近世三　一九九〇年　所収　松平春嶽著『登京日記』（福井市立郷土歴史博物館蔵）
・千葉県企画部広報県民課編集千葉縣史料近世編『伊能忠敬測量日記』一九八八年
・伊能忠敬研究会編『忠敬と伊能図』アワ・プラニング　一九九八年
・近江地方史研究会『近江地方史研究』第33・34号　二〇〇二年　所収　貝原益軒著『諸州めぐり』『続諸州めぐり』
・『東路記、己巳紀行・西遊記』（新日本古典文学大系98）岩波書店　一九九一年
・浜田義一郎代表編集『大田南畝全集 第八巻』岩波書店　一九八六年　所収『改元紀行』『壬戌紀行』
・『蜀山人全集 巻二』日本図書センター　一九七九年　所収『改元紀行』『壬戌紀行』
・『続群書類従第十八輯下』一九二五年　所収『遠江守政一紀行（小堀遠州辛酉紀行）』
・小堀宗慶著『小堀遠州東海道旅日記 上り下り』小堀遠州顕彰会　一九九二年

・原田伴彦他編集『日本都市生活史料集成八』学習研究社　一九七七年　所収　錦織五兵衛著『中仙道十四垣根』『東海紀行』
・竹田昌忠著『木曽路記』（金沢市立玉川図書館近世史料館蔵）
・前田土佐守家家臣著『金沢・京都往復道中記』（前田土佐守家史料館叢書第一集）前田土佐守家史料館発行　二〇〇五年
・清河八郎著、小山松勝一郎校注『西遊草』岩波書店　一九九三年
・金井方平編集発行『金井忠兵衛旅日記』一九九一年
・『中世日記紀行集』（新日本古典文学大系51）岩波書店　一九九〇年　所収『海道記』・『東関紀行』・『十六夜日記』・『小島のくちずさみ』・『藤河の記』
・河野孝光解釈『東関紀行・海道記』研究社　一九四〇年
・武田孝著『東関紀行全釈』笠間書院　一九九三年
・武田孝著『海道記全釈』笠間書院　一九九〇年
・福田秀一・大久保甚一著『小島のすさみ全釈』笠間書院　二〇〇〇年
・『中世日記紀行文学評釈集成　第六巻』勉誠出版　二〇〇四年　所収『藤河の記』
・秋田県平鹿部郡雄物川町教育委員会発行『雄物川郷土史資料　第27集（『佐藤長右衛門　天明八年道中記』）』一九九九年
・川崎吉男編著『伊勢参宮日記考　上　資料編・その二』一九八七年　所収『道中泊休覚之帳（香山）』
・舞阪町立郷土資料館編集発行『享和元年西国巡礼旅日記』（舞阪町立郷土資料館資料集第八集）二〇〇四年
・蒲生町史編纂委員会編集『蒲生町史　第二巻　近世・近現代』一九九九年　引用『北国海道善光寺道中記』『善光寺参り覚』（木村たき家文書）
・近江八幡市史編集委員会編集『近江八幡の歴史　第一巻』二〇〇四年　所収『宝暦五年巡礼船難破の記録』（野田屋長兵衛家文書）

・田中智彦著『聖地を巡る人と道』岩田書院　二〇〇四年
・渡辺紘良『天保十年伊勢参りの記録（一）〜（四）』（獨協医科大学一般教育紀要第8号〜第11号）一九八五年〜一九八八年
・谷川健一他編集『日本庶民生活史料集成　第二巻』三一書房　一九六九年　所収 野田泉光院著『日本九峰修業日記』
・青柳秀一「【史料紹介】自芳尼『西国巡拝名所記（一）・（二）』」（『滋賀大学経済学部附属史料館研究紀要』第36号・第37号）
二〇〇三年・二〇〇四年
・近江八幡市立郷土資料館　江南洋解読、川端勝彦編集『善光寺道之日記』（近江八幡歴史シリーズ）近江八幡市立郷土資料館・
近江八幡市立歴史民俗資料館発行 一九八八年
・柴桂子「近世女性の西国三十三ヵ所巡礼―巌佐由衛の『西国道の記』―」（交通史研究会『交通史研究』第59号）二〇〇四年
・柏原宿歴史ふれあい友の会発行『郷土の先賢　長野主膳義言と巌佐由子』二〇〇三年
・『土佐日記・かげろう日記・和泉式部日記・更級日記』（日本古典文学大系20）岩波書店　一九五七年
・小谷野純一著『更級日記全評釈』風間書房　一九九六年
・武田孝著『十六夜日記詳講』明治書院　一九八五年
・『静寛院宮御側日記』（続日本史籍協会叢書）東京大学出版会　一九七六年　所収『静寛院宮御側日記』
・武部敏夫著『和宮』吉川弘文館　一九八七年
・ケンペル著 斎藤信訳『江戸参府旅行日記』平凡社　一九七七年
・木村至宏著『琵琶湖―その呼称の由来―』サンライズ出版　二〇〇一年
・シーボルト著 斎藤信訳『江戸参府紀行』平凡社　一九六七年
・アーネスト・サトウ著　坂田精一訳『一外交官の見た明治維新　上・下』岩波書店　一九六〇年
・萩原延壽著『遠い崖―アーネスト・サトウ日記抄』朝日新聞社　一九九九年

・申維翰著　姜在彦訳注『海游録―朝鮮通信使の日本紀行―』平凡社　一九七四年
・『太平記二』（日本古典文学大系34）岩波書店　一九六〇年
・山崎正和訳『太平記（一）・（二）』河出書房新社　一九九〇年
・『膝栗毛其他 下』（日本名著全集江戸文芸之部）日本名著全集刊行会　一九二七年
・『十返舎一九全集　第一巻』日本図書センター　一九七九年　所収　十返舎一九著　三田村鳶魚校訂『東海道木曽街道膝栗毛』

◎あとがき

宿駅や街道の歴史を明らかにする史料として、近江を旅した人々の旅日記に注目していたころのことです。信州の農民の旅日記の中に、姉川の浸水で不作になった田地を見て、故郷での凶作を思い出し心を痛めている一節や、木之本で、当時信州ではまだ用いられていなかった千歯扱を見て、強い関心を示している記事に出会いました。これがきっかけとなり長浜城歴史博物館の「友の会だより」に「湖北を歩いた人々」というテーマで旅日記にみられる湖北の姿を紹介する小文を四十回あまり連載しました。

このような旅日記の紹介は単に湖北地方に限るのではなく、近江全体に広げた方が内容が豊富になり面白いと考えていたところ、滋賀民報社の小林伸子氏と室田眞也氏にお会いする機会があり、週刊新聞「滋賀民報」の文化欄に掲載してはということになり、「旅日記にみる近江路を歩いた人々」というテーマで二〇〇七年の一月から一年間、四十四回にわたって連載させていただきました。

はじめは庶民の伊勢参りや、観音霊場巡りの旅日記を取り上げていましたが、どれもよく似た内容のため、これだけでは興味深い連載にはなりませんので、途中から著名人の特色ある紀行文や、中世以降の旅人の有名な文学作品も取り上げました。

本書はこれら連載記事を再構成して一冊の本にまとめたものです。連載途中から、本になるのかとの問い合わせが幾つかあったこともあり、サンライズ出版の岩根順子社長にご相談申し上げましたところ「淡海文庫」の一冊として出版していただけることになりました。

本書がこのようにして出来上がりますまでには実に多くの皆様のお世話になりました。長浜城歴史博物館の担当の方々、連載中いろいろな注文を快くお聞きいただいた滋賀民報社の皆様、温かい励ましをいただいた「滋賀民報」の読者の皆様、それに連載記事に大幅に手を入れて一冊の本に作り上げていただいた山﨑喜世雄氏はじめ、サンライズ出版の皆様、それぞれに随分とご苦労いただきました。ここに、これまでご尽力いただきました関係の皆様に衷心より深く感謝申し上げ、「あとがき」といたします。

平成二〇年四月

江竜　喜之

■著者略歴

江竜喜之（えりゅう・よしゆき）
昭和13（1938）年生まれ。
國學院大學大学院卒。滋賀県立高等学校社会科教員、八幡商業高等学校校長で退職。以後、滋賀県立安土城考古博物館嘱託員、長浜城歴史博物館館長を歴任。
主な著書（共著）に、市政三十年記念出版『ふるさと長浜』（長浜市）、『滋賀県の歴史散歩』（山川出版社）、『近江人物伝』（弘文堂出版部）がある。

■協力者一覧

資料提供／伊能忠敬記念館・日野町教育委員会町史編纂室・野田穣三・浅井歴史民俗資料館・石川県立歴史博物館・福井市立郷土歴史博物館・草津宿街道交流館・長浜城歴史博物館

写真／サンライズ出版資料室・寿福滋・山﨑喜世雄

装丁デザイン／株式会社エムオー・クリエイティブ（坂本　仁）
図版制作／神原写真事務所
編集協力／山﨑喜世雄

近江路《おうみじ》を歩いた人々 －旅日記にみる－　淡海《おうみ》文庫40

2008年5月20日　第1刷発行　N.D.C.291

著　者　江竜　喜之

発行者　岩根　順子
発行所　サンライズ出版株式会社
〒522-0004 滋賀県彦根市鳥居本町655-1
電話 0749-22-0627
印刷・製本　P―NET 信州

ISBN4-88325-158-2 Printed in Japan　定価はカバーに表示しています。

淡海文庫について

「近江」とは大和の都に近い大きな淡水の海という意味の「近（ちかつ）淡海」から転化したもので、その名称は「古事記」にみられます。今、私たちの住むこの土地の文化を語るとき、「近江」でなく、「淡海」の文化を考えようとする機運があります。

これは、まさに滋賀の熱きメッセージを自分の言葉で語りかけようとするものであると思います。

豊かな自然の中での生活、先人たちが築いてきた質の高い伝統や文化を、今の時代に生きるわたしたちの言葉で語り、新しい価値を生み出し、次の世代へ引き継いでいくことを目指し、感動を形に、そして、さらに新たな感動を創りだしていくことを目的として「淡海文庫」の刊行を企画しました。

自然の恵みに感謝し、築き上げられてきた歴史や伝統文化をみつめつつ、今日の湖国を考え、新しい明日の文化を創るための展開が生まれることを願って一冊一冊を丹念に編んでいきたいと思います。

一九九四年四月一日

好評既刊より

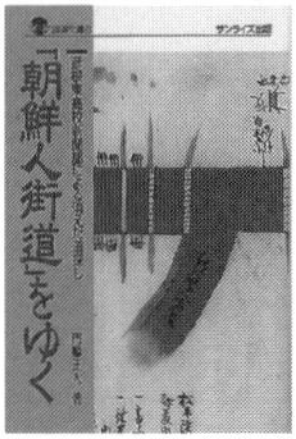

淡海文庫 6

「朝鮮人街道」をゆく

門脇正人 著　定価 1020 円（税込）

江戸時代、朝鮮通信使がたどった近江の約 40 ㎞の道を「朝鮮人街道」と呼ぶ。彦根東高校新聞部が丹念な調査により、かつての道筋を解明。

淡海文庫 14

大津百町物語
—暮らしの昔と今を歩く—

大津の町家を考える会 編　定価 1260 円（税込）

琵琶湖の船運で北陸と大坂を結び、東海道の宿場町でもあった旧大津町。市街地に残る往事の面影を求め、町家とそこに暮らす住人を訪ねて歩く。

淡海文庫 21

琵琶湖
—その呼称の由来—

木村至宏 著　定価 1260 円（税込）

琵琶湖の名の由来は、形が楽器の琵琶に似ているからだけなのだろうか？　竹生島に祀られた弁才天に注目し、その名が定着する過程を検証。

好評既刊より

淡海文庫 38

絵はがきのなかの彦根

細馬宏通 著　定価 1260 円（税込）

100 年前の絵はがきを片手に、実際に訪ね歩いてみると、不思議な世界、昔の片鱗が現れてきた。鋭い洞察力と聞き取りで綴る彦根の景色。

淡海文庫 39

近江の峠道
—その歴史と文化—

木村至宏 編　定価 1260 円（税込）

琵琶湖をまんなかに美しい山なみに囲まれた典型的な盆地を形成している近江には、多くの峠をみることができる。38 の峠道をとりあげ、その特徴と地域の歴史・文化の構築にどのようにかかわってきたかを紹介。

別冊淡海文庫 16

信楽汽車土瓶

畑中　英二 編　定価 1890 円（税込）

近代化とともに始まった鉄道の旅は、弁当とお茶を販売するという日本独自の駅弁文化を生み出した。実は汽車土瓶と呼ばれたお茶の容器の多くは信楽で作られていた。作り手たちにも目を向けながら、信楽汽車土瓶の歴史をたどる。

好評発売中　近江旅の本

近江の商人屋敷と旧街道

NPO 法人三方よし研究所 編　定価 1890 円（税込）

近江八幡、五個荘、高島、日野、豊郷…。旧街道沿いなどに残る商人屋敷を訪ね、そこから巣立った近江商人の業績をあわせて案内。多数のカラー写真とともに観光ガイドを充実させた決定版。

近江の城下町を歩く

淡海文化を育てる会 編　定価 1890 円（税込）

近江に築かれた多数の城と城下町は中世から近世へ、日本の歴史を切り開く舞台となった。今に残る城郭と城下町を豊富なカラー写真とともに紹介。探訪のための地図や観光データも充実。

近江の酒蔵
―うまい地酒と小さな旅―

滋賀の日本酒を愛する酔醸会 編　定価 1890 円（税込）

名水と好適米、そして確かな技に支えられた近江の日本酒。旧街道の宿場や湖岸のまちに佇む酒蔵を訪ね、美酒を味わう。相性抜群の郷土料理も紹介。

彦根歴史散歩
―過去から未来をつむぐ―

NPO 法人彦根景観フォーラム 編　定価 1890 円（税込）

国宝・彦根城をいただく彦根のまちを歩く。その歴史を築城以前からひもとき、城内や近世城下町のようす、近現代のまちづくりを多数のカラー写真とともに紹介。